Kauderwelsch
Band 35

© David Harding@Fotolia.com

6	Gdańsk
10	Bydgoszcz
3	Zielona Góra
6	Kołbaskowo
3	Świnoujście

Wegweiser in Stettin

Impressum

Bob Ordish
Polnisch — Wort für Wort
erschienen im
REISE KNOW-HOW Verlag Peter Rump GmbH
Osnabrücker Str. 79, D-33649 Bielefeld
info@reise-know-how.de

© REISE KNOW-HOW Verlag Peter Rump GmbH
14. Auflage 2015
Konzeption, Gliederung, Layout und Umschlagklappen
wurden speziell für die Reihe „Kauderwelsch" entwickelt
und sind urheberrechtlich geschützt.
Alle Rechte vorbehalten.

Bearbeitung	Peter Rump
Layout	Claudia Schmidt
Layout-Konzept	Günter Pawlak, FaktorZwo! Bielefeld
Umschlag	Peter Rump (Foto: Peter Höh)
Kartographie	Iain Macneish
Fotos	Gunda Urban (GU);
	Fotografen@Fotolia.com (Nachweis am jeweiligen Foto)
Druck und Bindung	Werbedruck GmbH Horst Schreckhase, Spangenberg

ISBN 978-3-8317-6467-9
Printed in Germany

Wer im Buchhandel kein Glück hat, bekommt unsere Bücher
zuzüglich Porto- und Verpackungskosten auch direkt über unseren Internet-Shop: **www.reise-know-how.de**

Die Internetseiten mit Aussprachebeispielen und der Zugriff
auf diese über QR-Codes sind eine freiwillige, kostenlose
Zusatzleistung des Verlages. Der Verlag behält sich vor, die Bereitstellung des Angebotes und die Möglichkeit der Nutzung
zeitlich und inhaltlich zu beschränken. Der Verlag übernimmt
keine Garantie für das Funktionieren der Seiten und keine
Haftung für Schäden, die aus dem Gebrauch der Seiten resul-
tieren. Es besteht ferner kein Anspruch auf eine unbefristete
Bereitstellung der Seiten.

Der Verlag möchte die **Reihe Kauderwelsch** weiter ausbauen
und **sucht Autoren!** Mehr Informationen finden Sie unter
www.reise-know-how.de/rkh_mitarbeit.php

Kauderwelsch

Bob Ordish

Polnisch
Wort für Wort

**Zu diesem Buch
ist ein AusspracheTrainer
als MP3-Download erhältlich:
www.reise-know-how.de
ISBN 978-3-95852-103-2**

**Auch als Audio-CD
im Buchhandel:
ISBN 978-3-8317-6028-2**

REISE KNOW-HOW
im Internet
www.reise-know-how.de
info@reise-know-how.de

*Aktuelle Reisetipps
und Neuigkeiten,
Ergänzungen nach
Redaktionsschluss,
Büchershop und
Sonderangebote
rund ums Reisen*

Kauderwelsch-Sprechführer sind anders!

Warum? Weil sie Sie in die Lage versetzen, wirklich zu sprechen und die Leute zu verstehen.

Wie wird das gemacht? Abgesehen von dem, was jedes Sprachbuch bietet, nämlich Vokabeln, Beispielsätze usw., zeichnen sich die Bände der Kauderwelsch-Reihe durch folgende Besonderheiten aus:

Die **Grammatik** wird in einfacher Sprache so weit erklärt, dass es möglich wird, ohne viel Paukerei mit dem Sprechen zu beginnen, wenn auch nicht gerade druckreif.

Alle Beispielsätze werden doppelt ins Deutsche übertragen: zum einen **Wort-für-Wort**, zum anderen in „ordentliches" Hochdeutsch. So wird das fremde Sprachsystem sehr gut durchschaubar. Denn in einer fremden Sprache unterscheiden sich z. B. Satzbau und Ausdrucksweise recht stark vom Deutschen. Ohne diese Übersetzungsart ist es so gut wie unmöglich, schnell einzelne Wörter in einem Satz auszutauschen.

Die **Autorinnen** und **Autoren** der Reihe sind Globetrotter, die die Sprache im Land selbst gelernt haben. Sie wissen daher genau, wie und was die Leute auf der Straße sprechen. Deren Ausdrucksweise ist nämlich häufig viel einfacher und direkter als z. B. die Sprache der Literatur oder des Fernsehens.

Besonders wichtig sind im Reiseland **Körpersprache**, **Gesten**, **Zeichen** und **Verhaltensregeln**, ohne die auch Sprachkundige kaum mit Menschen in guten Kontakt kommen. In allen Bänden der Kauderwelsch-Reihe wird darum besonders auf diese Art der nonverbalen Kommunikation eingegangen.

Kauderwelsch-Sprechführer sind keine Lehrbücher, aber viel mehr als Sprachführer! Wenn Sie ein wenig Zeit investieren und einige Vokabeln lernen, werden Sie mit ihrer Hilfe in kürzester Zeit schon Informationen bekommen und Erfahrungen machen, die „sprachlosen" Reisenden verborgen bleiben.

Inhalt

Grammatik

Inhalt

Danzig, am Ufer der Mottlau (Motława)

Vorwort

Natürlich sprechen viele Polen Deutsch oder Englisch, und zwar wahrscheinlich besser, als Sie selbst Polnisch sprechen werden. Aber dies sollte Sie nicht davon abhalten, es trotzdem zu versuchen und dadurch ganz andere andere Möglichkeiten zu haben, um Land und Leute kennen zu lernen.

Es spielt keine Rolle, dass Sie grammatische Fehler machen werden. Lassen Sie sich dadurch nicht irritieren, denn hier ist der Hang zum Perfektionismus fehl am Platz. Ihr Versuch, sich ein bisschen in der Landessprache zu verständigen, wird sich auf jeden Fall lohnen. Die Menschen reagieren auf solche Bemühungen sehr positiv. Das, was Sie unterwegs erfahren werden, können Sie dann auch viel besser nachvollziehen. Wenn zwischen Reisenden und Touristen unterschieden wird, kann damit gleich bei den Sprachkenntnissen begonnen werden.

Schließlich können Sie den Menschen Ihres Reiselandes kein größeres Zeichen der Achtung entgegenbringen, als deren Sprache zu lernen und anzuwenden.

Viel Spaß beim Üben und Sprechen im Land!

Hinweise zur Benutzung

Der Kauderwelsch-Sprechführer besteht aus drei Teilen: aus der Grammatik, dem Konversationsteil und einer Wörterliste.

Grammatik Die Grammatik beschränkt sich auf das Wesentliche und ist so einfach gehalten wie möglich. Deshalb sind auch nicht alle Ausnahmen und Unregelmäßigkeiten der Sprache erklärt. Sie können natürlich auch sofort mit dem Konversationsteil beginnen und die Grammatik zum Nachschlagen verwenden.

Konversation In diesem Teil finden Sie Sätze aus dem Alltagsgespräch, die Ihnen einen ersten Eindruck davon vermitteln sollen, wie die polnische Sprache „funktioniert", und die Sie auf das vorbereiten sollen, was Sie später im Land hören werden. Hier geht es in erster Linie um die praktische Anwendung der Sprache in konkreten Situationen. Hintergrundinformationen über die Verhältnisse in Polen sind auch darin enthalten. Benutzen Sie die Beispielsätze auch als Fundus von Satzschablonen und -mustern, die Sie selbst Ihren Bedürfnissen anpassen.

Lautschrift Damit Sie die Sätze sofort aussprechen können, ist unter dem polnischen Satz eine einfach ablesbare Lautschrift ergänzt, für die man keine Zusatzkenntnisse braucht.

Wort-für-Wort-Übersetzung Die Wortreihenfolge des Polnischen können Sie anhand der Wort-für-Wort-Übersetzung nachvollziehen. Jedem polnischen Wort entspricht ein Wort in der Wort-für-Wort-Übersetzung. Wird ein polnisches Wort im Deutschen durch zwei Wörter wiedergegeben, sind diese durch einen Bindestrich verbunden.

Proszę bardzo.	**Dziękuję.**
proschä bardso	dshjänkujä
ich-bitte sehr	*ich-danke*
Bitte sehr.	Danke.

Erklärende Zusatzangaben, z. B. zur Beugung eines Wortes, stehen direkt nach einem Wort in Klammern.

Czytam książkę mojego brata.
tschytam kschjoⁿschkä mojägo brata
ich-lese Buch^{Akk} meines^{Gen} Bruders^{Gen}
Ich lese das Buch von meinem Bruder.

Nic nie było.
njitz njä byuo
nichts nicht es-war
Es ist nichts passiert.

Wörter, die man in einem Satz untereinander austauschen kann, werden durch Schrägstrich getrennt. Wörter, die im polnischen Beispielsatz in Klammern stehen, können entfallen.

(on / ona / ono) ma
(on / ona / ono) ma
er / sie / es hat

Hören Sie sich Ausprachebeispiele mit Ihrem Smartphone an! Ausgewählte Kapitel im Konversationsteil sind dafür mit einem QR-Code ausgestattet. Wer kein Smartphone hat, kann sich die Sätze auch auf unserer Webseite anhören: www.reise-know-how.de/kauderwelsch/035

Mit Hilfe der Wort-für-Wort-Übersetzung können Sie die Beispielsätze leicht Ihren eigenen Bedürfnissen anpassen, auch wenn das Ergebnis nicht immer perfekt ist.

Wörterlisten

Die Wörterlisten am Ende des Buches helfen Ihnen dabei. Sie enthalten einen Grundwortschatz Deutsch – Polnisch und Polnisch – Deutsch, mit dem man schon eine Menge anfangen kann. Er ist nicht dazu da, Ihr Taschenwörterbuch zu ersetzen, sondern vielmehr, um Ihnen einen Überblick über häufig vorkommende Vokabeln zu verschaffen.

Umschlagklappe

Die Umschlagklappe hilft, die wichtigsten Sätze und Formulierungen stets parat zu haben. Hier finden sich schnell die wichtigsten Angaben zur Aussprache und eine kleine Liste der wichtigsten Fragewörter, Richtungs- und Zeitangaben. Aufgeklappt ist der Umschlag eine wesentliche Erleichterung, da nun die gewünschte Satzkonstruktion mit dem entsprechenden Vokabular aus den einzelnen Kapiteln kombiniert werden kann. Wenn alles nicht mehr weiterhilft, dann ist vielleicht das Kapitel „Nichts verstanden? – Weiterlernen!" der richtige Tipp. Es befindet sich ebenfalls im Umschlag, stets bereit, mit der richtigen Formulierung für z. B. „Ich habe leider nicht verstanden." oder „Wie bitte?" auszuhelfen.

Seitenzahlen

Um Ihnen den Umgang mit den Zahlen zu erleichtern, wird auf jeder Seite die Seitenzahl auch auf Polnisch angegeben!

Polnisch – unaussprechbar?

Vielen geht es mit der polnischen Sprache zunächst wie Heinrich Heine: Der Bedienstete der Familie Schnabelewopski in der gleichnamigen Novelle wird als „Prrschtzztwitsch" vorgestellt!

Aber dieser Name ist natürlich nur eine Persiflage!

Fast genauso schlimm sehen für Nichteingeweihte echte polnische Wörter aus. Etwa cześć, was nichts anderes bedeutet als „Hallo" oder auch „Tschüss". Besonders die langen Mitlautgruppen, die gerade das Schriftbild der polnischen Sprache charakterisieren, wirken ziemlich furchteinflößend:

Allerdings entsprechen sich dabei die einzelnen Buchstaben und die tatsächlich ausgesprochenen Laute nicht immer eins zu eins: auch das Deutsche hat Buchstabenkombinationen, die nur einen einzelnen Laut wiedergeben (z. B. „sch"); das Polnische hat eben besonders viele davon.

prz	in	**przeciwko** (gegen)
trz	in	**trzeba** (man muss, es ist nötig)
chrz	in	**chrząszcz** (Käfer)
szcz	in	**szczur** (Ratte)

Geht man der Sache etwas tiefer auf den Grund, entdeckt man, dass die beiden indoeuropäischen Sprachen Deutsch und Polnisch sehr viel gemein haben. Dabei handelt es sich hier nicht nur um den Wortschatz (Wörter wie hotel, bank, student, telefon, aber auch dach und kartofel), sondern vor allem auch um den grammatischen Aufbau.

Erstens werden Vokabeln durch eine Reihe von Vorsilben gebildet, wie man es auch vom Deutschen kennt. Zweitens besitzen beide Sprachen ein komplexes System von Fällen

und Endungen, das sie letztendlich einer gemeinsamen Ur-Vorgängersprache verdanken.

Die Probleme werden aber dadurch nicht geringer, dass beide Sprachen vom Aufbau her ähnlich sind. Denn Polnisch ist noch (!) komplizierter als die „deutsche Sprache, schwere Sprache". Polnisch ist immer noch sehr konservativ, d. h. es hat alte Formen im Wesentlichen beibehalten.

Sogar Ortsbezeichnungen und Zahlen werden gebeugt (wie teilweise noch im Mittelhochdeutschen vor 600 Jahren!), und bei Verben in der Vergangenheitsform wird nach dem Geschlecht des Subjekts differenziert.

Polnisch ist eine slawische Sprache und gehört mit dem Tschechischen, Slowakischen, Kaschubischen, Ober- und Niedersorbischen zur westslawischen Untergruppe.

Kaschubisch wird als Regionalsprache im Hinterland von Danzig gesprochen.

Wieso das alles? Ist es zum Erlernen der Sprache überhaupt wichtig?

Wie allgemein bekannt, liegt Polen zwischen Deutschland und Russland geographisch extrem ungünstig. Dreimal ist das Land im 18. Jh. geteilt worden, so dass es als eigenständiger Staat lange Zeit nicht mehr existierte. Die polnische Sprache wurde durch die jeweiligen Großmächte (Preußen, Russland, Österreich-Ungarn) weitgehend unterdrückt. Aber die Polen schafften es, ihre Sprache am Leben zu halten. Sie wurde zeitweise praktisch als „Fremdsprache" gelehrt, was dazu beitrug, dass sich die altertümliche Standardform auf Kosten der Dialekte weitgehend

Polnisch – unaussprechbar?

durchsetzen konnte. Für den nationalen Identitätssinn war auch die Religion von entscheidender Bedeutung. Mit dem Katholizismus kam das lateinische Alphabet nach Polen, im Gegensatz zur orthodoxen und kyrillischen Tradition in Russland, obwohl die Lateinschrift nur mit Ach und Krach der polnischen Sprache angepasst werden konnte – daher gibt es zahlreiche zusätzliche Buchstaben.

Die Sprache spiegelt also in sehr starkem Maße die stürmische Geschichte des Landes wider. Die Hintergründe sind schon von Interesse, aber es mutet Ihnen keiner zu, intensiv in die verzwickte Grammatik einzusteigen und perfekte Sätze herunterleiern zu können. Wir wollen den Akzent auf das Sprechen legen, womit Sie möglichst bald anfangen sollten.

© whitelook@Fotolia.com

▨ Marktplatz und Rathaus von Posen

Aussprache & Betonung

Das polnische Alphabet weist gegenüber dem deutschen einige Besonderheiten auf.

ą, ć, ę, ł, ń, ó, ś, ź, ż	nicht im Deutschen
ä, ö, ü	nicht im Polnischen
q, x	nur in Fremdwörtern

Betonung

Die Betonung liegt grundsätzlich auf der vorletzten Silbe (z. B. lekarz läkasch „Arzt"). Ausnahmen betreffen fast nur die Fremdwörter auf -yka / -ika (z. B. muzyka musyka „Musik").

Mitlaute (Konsonanten)

ą	on, o^{ng}	entweder nasaliertes „o" wie frz. „b**on**", oder aber „on" wie in „**Sonn**tag": **są** ßo^{ng} (sie sind), **piątek** pjontäk (Freitag)	*In der folgenden Tabelle werden den polnischen Buchstaben und Buchstaben-kombinationen die in diesem Buch verwendeten Laut-schriftzeichen gegenübergestellt.*
c	tz	stimmloses „tz" wie in „He**tze**" **cena** tzäna (Preis)	
ć, ci	tschj	weicher als „tsch" in „**tsch**üss", zugleich ähnlich dem „tch" in „Brö**tch**en", aber stärker „gezischt": **mieć** mjätschj (haben), **ciepło** tschjäpuo (warm)	
cz	tsch	wie „tsch" in „**tsch**üss": **poczta** potschta (Post)	

Aussprache & Betonung

Grundsätzlich gilt: ein Akzentzeichen auf einem Mitlautbuchstaben macht die Aussprache dieses Mitlauts „weicher" (ć, ź, ś, ń; diese Regel betrifft nicht den Selbstlaut ó). Ein dem Mitlaut nachfolgendes i hat genau denselben Effekt. Man verwendet die Kombination Mitlaut + i vor Selbstlauten am Wortanfang und im Wortinneren, und den Mitlaut mit Akzentzeichen am Wort- oder Silbenende.

dz	ds	stimmhaftes „ds", wie in „Run**ds**aal": **bardzo** bardso (sehr)
dź, dzi	dshj	stimmhaftes Gegenstück zu ć, ähnlich wie „dsch" in „**Dsch**ungel", aber weicher: **dźwig** dshjwik (Kran), **gdzie** gdshjä (wo)
dż	dsh	stimmhaftes „dsch" wie in „**Dsch**ungel": **dżungla** dshungla (Dschungel)
e	ä	offenes „e" wie in „**E**cke": **chleb** chläp (Brot)
ę	än, ä^{ng}, ä	entw. nasaliertes „e" wie „un" in frz. „Verd**un**", oder aber „en"; am Wortende wie einfaches e: **mięso** mjä^{ng}ßo (Fleisch), **będzie** bändshjä (wird sein), **proszę** proschä (bitte)
h, ch	ch	„ch" („Ach-Laut") wie in „Da**ch**": **dach** dach (Dach), **herbata** chärbata (Tee)
i	(j)i	zwischen Mitlaut u. Selbstlaut wie „j": **miasto** mjaßto (Stadt)
ks	kß (x)	wie „x" in „Ta**x**i"
ksi	kschj	Kombination k + poln. ś (si): **książka** kschjo^{ng}schka (Buch)
ł	u	Halbvokal zwischen „u" und „w", wie in „a**u**a": **zły** suy (schlecht)
ń, ni	nj	wie „nj" in „Ta**nj**a", am Wortende leicht nasal: **dzień** dshjänj (Tag) **niebo** njäbo (Himmel)

o	o	offenes „o" wie in „**O**tto": **można** moshna (man darf)	
ó	u	„u" wie in „B**u**tt" **Bóg** buk (Gott)	
r	r (rr)	stets gerolltes Zungenspitzen-R: **peron** pär(r)on (Bahnsteig), **tor** tor(r) (Gleis)	
rz	sh	gleiche Aussprache wie ż: **rzeka** shäka (Fluss)	
s	ß	stimmloses „ß / ss" wie in „Ma**ß**" **samochód** ßamochut (Auto)	
ś, si	schj	weicher als „sch" in „**Sch**af", zugleich ähnlich dem „ch" in „liebli**ch**", aber stärker „gezischt": **dziś** dshjischj (heute) **siostra** schjoßtra (Schwester)	
sz	sch	stimmloses „sch" wie in „**Sch**af": **szkoła** schkoua (Schule)	
w	w	wie „w" in „**W**ein": **wódka** wutka (Wodka)	
y	y	halbwegs zwischen Auslaut-„e" in „End**e**" und „i" in „d**i**ck": **my** my (wir)	
z	s	stets stimmhaftes „s" wie in „Mu**s**eum": **koza** kosa (Ziege)	
ź, zi	shj	stimmhaftes Gegenstück zu ś, ähnlich wie „j" in „**J**ournal", aber weicher: **późno** pushjno (spät)	
ż	sh	stimmhaftes „sch", wie „j" in „**J**ournalist" oder „g" in „Gara**g**e": **żona** shona (Ehefrau)	

Eigentlich stimmhafte (und auch mit den entsprechenden Buchstaben geschriebene) Mitlaute werden am Wort- bzw. Silbenende stimmlos gesprochen. Beispiele:
ksiądz kschjontz
„Priester",
drób drup
„Geflügel"

Dieses Aussprachephänomen kennen wir übrigens auch im Deutschen (vgl. Rad raat – Räder).

Das y also keinesfalls als „ü" aussprechen!

Eine sehr häufig vorkommende Mitlautgruppe ist szcz wie in Szczecin (Stettin), die man „schtsch" ausspricht. Dazu gibt es auch ein weich ausgesprochenes Gegenstück, nämlich ść. Dessen furchterregende Lautschriftwiedergabe schjtschj beruht aber nur darauf, dass wir im Deutschen keine wirklich passende Entsprechung haben. Tatsächlich erfordert die Aussprache dieser Buchstabenkombination nicht mehr Übung als eben „schtsch"!

Die anderen Buchstaben werden im Wesentlichen wie im Deutschen ausgesprochen.

Schwierigkeiten bereitet vor allem die Tatsache, dass es viele ähnlich klingende Zischlaute mit jeweils „harten" und „weichen" Varianten gibt; diese sind in einer nicht-wissenschaftlichen Lautschrift nur schwer darzustellen. Wenn man jedoch die Regeln für die Aussprache der einzelnen Buchstaben und Kombination beherrscht, kann man fast alle Wörtern vorhersagbar aussprechen, denn Ausnahmen gibt es nur wenige und haben meist mit der lautlichen Umgebung zu tun.

Selbstlaute (Vokale)

Lange Selbstlaute gibt es im Polnischen überhaupt nicht.

Selbstlaute werden im Polnischen grundsätzlich kurz und offen ausgesprochen:

a	wie in „D**a**ch", „**a**ch"
e	wie in „**E**cke", „Dr**e**ck"
o	wie in „P**o**tt", „K**o**mma"
u, ó	wie in „B**u**tter", „B**u**lle"

Doppellaute

Doppelte identische Selbstlaute kommen nur als Resultat von Beugungen vor, z. B. historii (Genitiv von historia „Geschichte"). Dagegen sind Kombinationen unterschiedlicher Selbstlaute recht häufig. Die Aussprache ist aber zumeist anders als im Deutschen. Ein Beispiel:

Nie wiem.
njä wjäm
nicht ich weiß
Ich weiß nicht.

Hier kommt die Regel zum Tragen, dass ein i direkt nach einem Mitlaut dessen Aussprache „weich" macht.

Der deutsche Doppellaut „ei" (= „ai") kommt im Polnischen praktisch nicht vor. Ein Pole würde ihn zweisilbig wie „e-i" (bzw „a-i" aussprechen. Dasselbe gilt für den Doppellaut „eu" (polnisch „e-u"). Er wird ähnlich wie in „b**eu**nruhigen" gesprochen, allerdings ohne den deutschen Knacklaut der Stimmritze. Jeder einzelne Buchstabe wird gesprochen. Dies gilt sogar für verdoppelte Mitlaute.

Es gibt allerdings Wörter mit der Buchstabenverbindung -aj, das genauso wie deutsches „ei" oder „ai" ausgesprochen wird. Dies ist aber keine Ausnahme von der Regel, denn das j ist hierbei ein Mitlaut.

Europa	**jazda konna**	raj
ä-uropa	jasda kon-na	raj *(wie* rei*)*
	Fahrt pferdische	*Paradies*
Europa	Ausritt, Pferdereiten	

Wörter, die weiterhelfen

Ohne jegliche Grammatikkenntnisse können Sie bereits folgende Floskeln verwenden, um sich verständlich zu machen:

Benutzen Sie pan, *wenn Sie einen Herren anreden, und* pani, *wenn Sie eine Dame anreden!*

Gdzie jest ...?	Wo ist ...?
gdshjä jäßt	
Czy ma pan / pani ...?	Gibt es / Haben Sie ...?
tschy ma pan / panji	(*zum Mann / zur Frau*)
Jest / Są ...	Es gibt ...
jäßt / ßong	
Dziękuję.	Danke.
dshjänkujä	
Można?	Darf ich / man?
moshna	
Tak.	Ja.
tak	
Nie.	Nein.
njä	
Można ...	Man kann / darf ...
moshna	

In diese Sätze können Sie alle sinnvollen Wörter aus den Wörterlisten einsetzen.

Czy ma pan / pani wódkę?	**Nie ma.**
tschy pan / panji ma wutkä	njä ma
ob hat Herr / Dame Wodka	*nicht es-hat*
Haben Sie Wodka?	Gibt's nicht. / Haben wir nicht.

To jest mleko.
to jäßt mläko
Das ist Milch.

To są jabłka.
to ßo^{ng} japka
Das sind Äpfel.

Jest mleko.
jäßt mläko
es-ist Milch
Es gibt Milch.

Są jabłka.
ßo^{ng} japka
es-sind Äpfel
Es gibt Äpfel.

Bardzo dobrze.
bardso dobshä
sehr gut
Sehr gut! / Alles klar!

Proszę bardzo.
proschä bardso
ich-bitte sehr
Bitte sehr.

Dziękuję.
dshjänkujä
ich-danke
Danke.

Czy można zapalić?
tschz moshna sapalitschj
ob man-darf rauchen
Darf man rauchen?

Nie można.
njä moshna
nicht man-darf
Man darf nicht.

Wörter, die Sie schon kennen

Nicht nur die „internationalen" Wörter sind hier vertreten, sondern auch einige, die insbesondere dem Deutschen sehr ähnlich sind. Das gute polnische Wort dach kennen Sie schon. „International" heißt übrigens między-narodowy (*„zwischen-national"*).

Kauderwelsch-AusspracheTrainer

Falls Sie sich die wichtigsten polnischen Sätze, die in diesem Buch vorkommen, einmal von einer Polin gesprochen anhören möchten, kann Ihnen Ihre Buchhandlung den **AusspracheTrainer (Audio-CD)** *zu diesem Buch besorgen. Sie bekommen ihn auch über unseren Internetshop* **www.reise-know-how.de** *Der* **AusspracheTrainer** *steht dort auch als* **MP3-Download** *zur Verfügung. Alle Sätze, die Sie auf dem* **AusspracheTrainer** *hören können, sind in diesem Buch mit einem* 🎧 *gekennzeichnet.*

adres	adräß
balet	balät
kino	kino
minister	minjißtär
muzeum	musäum
park	park
parlament	parlamänt
sport	ßport
student	ßtudänt
taksówka	takßufka
teatr	täatr
telefon	täläfon
telegram	tälägram
turysta	turyßta
wino	wino
wódka	wutka

© Rico K.@Fotolia.com

Mühlenbake in Swinemünde (Świnoujście)

Satzstellung

Die Wortreihenfolge im Satz ist im Polnischen zwar im Prinzip frei, meistens ist sie jedoch wie im deutschen Hauptsatz:

Die verschiedenen Abweichungen von diesem Grundmuster, die für das Deutsche so typisch (und obligatorisch) sind, haben im Polnischen keine Bedeutung.

Satzgegenstand	Satzaussage	Satzergänzung
Subjekt (S)	Prädikat (P)	Objekt (O)

Marek (*S*) **czyta** (*P*) **polskie czasopismo** (*O*).
maräk tschyta polßkiä tschaßopißmo
Marek (*S*) liest (*P*) (eine) polnische Zeitschrift (*O*).

On chce czytać czasopismo, a nie książkę.
on chtzä tschytatschj tschaßopißmo a njä kschjo^{ng}shkä
er er-will lesen Zeitschrift und nicht Buch^{Akk}
Er will eine Zeitschrift lesen, nicht ein Buch.

Diese Wortstellung wird auch dann beibehalten, wenn am Satzanfang eine Zeitbestimmung o. ä. steht, wie z. B. dzisiaj „heute":

Dziś Marek chce czytać gazetę.
dshjischj maräk chtzä tschytatschj gasätä
heute Marek er-will lesen Zeitung^{Akk}
Heute will Marek eine Zeitung lesen.

dziś *ist die Kurzform,* dzisiaj *die Langform.*

Marek chce czytać gazetę dzisiaj.
maräk chtzä tschytatschj gasätä dshjischjaj
Marek er-will lesen Zeitung^{Akk} heute
Heute will Marek eine Zeitung lesen.

Die Zeitbestimmung kann auch am Satzende stehen.

Vor- & Nachsilben

Eine strukturelle Gemeinsamkeit zwischen dem Polnischen und dem Deutschen ist die häufige Benutzung von Vorsilben (Fachbegriff: Präfixe), die dem jeweiligen Grundwort zusätzliche Bedeutungsnuancen hinzufügen, oder von diesem gänzlich neue Wörter ableiten können. Im Deutschen kennen wir z. B. die Vorsilben „an-", „ab-", „ent-" oder „be-". Die Vorsilbe „be-" etwa kann dabei den Sinn des Wortes sehr verändern: Man denke nur an „kommen" und das davon abgeleitete „bekommen". Im Polnischen geschieht dies ebenso. Dazu kommt aber noch, dass solche Vorsilben eine Schlüsselrolle bei der Bildung der Zeitformen des Verbs spielen. Mehr darüber im Kapitel „Aspekte".

Auch die Endung eines Wortes weist auf seine grammatische Funktion hin. So enden fast alle Grundformen der deutschen Verben auf „-en". Dem entspricht im Polnischen die Endung -ć. Wenn ein polnisches Tätigkeitswort auf -am endet, weiß man, dass damit die 1. Person Einzahl (die „ich"-Form) in der Gegenwartszeit gemeint ist. Haupt- und Eigenschaftswörter haben ebenfalls ihre geschlechts- bzw. fallspezifischen Endungen. Näheres dazu steht in den entsprechenden Kapiteln.

Hauptwörter

Polnische Hauptwörter werden, anders als im Deutschen, nicht von Artikeln begleitet. Deutsche, deren Sprache stark vom Artikelgebrauch geprägt ist, und wo Artikel überdies noch das Geschlecht anzeigen, können diese Tatsache kaum nachvollziehen, aber es ist so.

„Ein" als reine Mengenangabe wird mit je-den übersetzt (siehe „Zahlen"). Anstelle eines stark betonten „der / die / das" verwendet man im Polnischen das hinweisende Fürwort ten / ta / to (dieser/-e/-es).

grammatisches Geschlecht

Männliche Nomen enden auf einen Mitlaut:

dom	dom	Haus
brat	brat	Bruder

Es gibt eine wichtige Ausnahme, bei der das natürliche Geschlecht das grammatische Geschlecht bestimmt:

mężczyzna	mä^{ng}schtschysna	Mann

Weibliche Hauptwörter enden meistens auf -a oder auf „weiche" Mitlaute, vor allem -ść:

poczta	potschta	Post
miłość	miuoschjtschj	Liebe

Sächliche Hauptwörter enden in der Regel auf -o, -e oder -um:

| miasto | mjaßto | Stadt |
| pole | polä | Feld |

Von pole (Feld) ist übrigens auch der Landesname Polska polßka abgeleitet. Es bedeutet ungefähr „Land der Felder".

Es kommen die Endungen -y, -i und -e (sowie -owie) vor. Männliche Hauptwörter, die Personen bezeichnen, verhalten sich anders als solche, die unbelebte Dinge oder Tiere bezeichnen: meist verändert sich bei Personen der letzte Mitlaut von „hart" zu „weich", und es wird die zu dem veränderten Mitlaut passende Endung angefügt. Bei Dingen oder Tieren findet solch ein Mitlautwechsel nicht statt, und die Endungen werden entsprechend dem ursprünglichen Mitlaut der Einzahl angefügt. Die Details sind aber noch komplizierter!

Mehrzahl

Es gibt verschiedene Endungen zur Bildung der Mehrzahlform, wobei das Geschlecht des Hauptwortes wichtig ist, aber auch der Klang des letzten Mitlauts. Wir wollen uns hier nicht um sämtliche Regeln kümmern, da die Sache sehr kompliziert ist, und zwar insbesondere beim männlichen Geschlecht. Im Grunde geht es darum, den vorhergehenden Mitlaut weich zu machen bzw. beizubehalten.

Polak – Polacy	Pole – Polen
polak – polatzy	
koń – konie	Pferd – Pferde
konj – konjä	
dom – domy	Haus – Häuser
dom – domy	
ptak – ptaki	Vogel – Vögel
ptak – ptaki	
przyjaciel – przyjaciele	Freund – Freunde
pschyjatschjäl – pschyjatschjälä	

© GU

▪ Ältere Herrschaften auf einer Bank

Die Mehrzahl-Endung -owie gilt speziell für „ehrwürdige" männliche Personen. Sie wird benutzt bei männlichen Bezeichnungen für „Verwandtschaft" oder „Rang", z. B. synowie (Söhne) oder oficerowie (Offiziere). Mit -owie kann man aber auch die Mehrzahl von vielen polnischen Familiennamen bilden:

Die absichtliche Verwendung einer unangemessenen Mehrzahlendung (z. B. die für Tiere und Gegenstände) kann im Polnischen eine Beleidigung sein!

Bozik – Bozikowie	die Boziks
boshjik – boshjikowjä	

Familiennamen auf -ski sind grammatisch gesehen Eigenschaftswörter. Sie haben die „normale" männliche Mehrzahlendung -scy.

Rogoziński – Rogozińscy
die Rogozinskis

Die Grammatik kennt leider keine Gleich-berechtigung: die Verteilung der Mehr-zahlendungen ist bei weiblichen Haupt-wörtern (aller Art) genau gleich wie bei denjenigen männ-lichen Hauptwörtern, die Tiere und Gegen-stände bezeichnen! Und die Slawisten sprechen hier sogar von einem einheitlichen „Nicht-Personen-Plural"!

Beim weiblichen und sächlichen Geschlecht ist die Mehrzahlbildung überschaubarer.

Normalerweise gilt: Beim weiblichen Hauptwort ersetzt -y oder -i den letzten Selbst-laut, je nach dem klanglichen Charakter des vorausgehenden Mitlauts (nach bestimmten Mitlauten auch -e). Beim sächlichen Ge-schlecht ist die Endung -a.

matka – matki *(w)*	Mutter – Mütter
matka – matki	
poczta – poczty *(w)*	Postamt – Postämter
potschta – potschty	
spódnica – spódnice *(w)*	Rock – Röcke
ßpudnitza – ßpudnitzä	
miasto – miasta *(s)*	Stadt – Städte
mjaßto – mjaßta	
okno – okna *(s)*	Fenster *(Ez – Mz)*
okno – okna	

Auch hier gibt es wieder Ausnahmen:

dziecko – dzieci *(s)*	Kind – Kinder
dshjätzko – dshjätschji	

Das alles sieht wie ein harter Brocken aus, zu-mal es noch dazu verschiedene Fälle gibt, die auch teilweise ähnliche Mitlautwechsel mit sich bringen (siehe „Fälle"). Versuchen Sie da-her nicht, jede Einzelheit sofort auswendig zu lernen.

Eigenschaftswörter

Das Eigenschaftswort richtet sich in Zahl und Geschlecht nach dem dazugehörigen Hauptwort, und zwar nach der folgenden grundsätzlichen Regel, hier am Beispiel nowy („neu") gezeigt.

	Einzahl		Mehrzahl	
männl.	**nowy**	nowy	**nowi**	nowi
			nowe	nowä
weibl.	**nowa**	nowa	**nowe**	nowä
sächl.	**nowe**	nowä	**nowe**	nowä

Bei den männlichen Mehrzahlformen wird wiederum danach unterschieden, ob das durch das Eigenschaftswort näher bestimmte Hauptwort eine Person (hier: nowi) oder ein Tier bzw. einen Gegenstand (hier: nowe) bezeichnet.

In den Wörterlisten ist immer die männliche Einzahlform (hier z. B. nowy) angegeben.

Das näher bestimmende Eigenschaftswort steht im Normalfall vor dem dazugehörigen Hauptwort. Es gibt relativ viele Ausnahmen, bei denen das Eigenschaftswort dem Hauptwort folgt, aber diese sollen für uns keine Rolle spielen. Es wird in jedem Fall dem Geschlecht des Hauptwortes angeglichen, das heißt also auch in Sätzen, in denen es als Ergänzung einer Satzaussage mit dem Hilfsverb „sein" dient.

dobra matka
dobra matka
gute Mutter
(die / eine) gute Mutter

Matka jest dobra.
matka jäßt dobra
Mutter sie-ist gute
Die Mutter ist gut.

Steigern & Vergleichen

Eigentlich gibt es hier keine Überraschungen. Auch die gesteigerten Formen werden gebeugt.

steigern

Um die erste Steigerungsform (Komparativ) zu bilden, wird die Endung des Eigenschaftsworts je nach Geschlecht mit -szy (männl.), -sza (weibl.) bzw. -sze (sächl.) ersetzt. Für den Superlativ setzt man noch die Vorsilbe naj- vor die komplette Komparativform.

In den Tabellen werden jeweils nur die männlichen Endungen verwendet.

nowy	nowszy	najnowszy
nowy	nofschy	najnofschy
neu	neuer	neuester, der neueste

nowsze czasopismo	najnowsza książka
nofschä tschaßopißmo	najnofscha kschjo^{ng}schka
neuere Zeitschrift	*neuestes Buch*
neuere Zeitschrift	das neueste Buch

Wie in jeder Sprache sind die Ausnahmen bei den am häufigsten benutzten Wörtern zu finden. Die Steigerung „gut, besser ..." ist im Polnischen genauso unregelmäßig wie bei uns:

dobry	lepszy	najlepszy
dobry	läpschy	najläpschy
gut	besser	bester, der beste

Weitere unregelmäßig gesteigerte Adjektive:

zły	gorszy	najgorszy
suy	gorschy	najgorschy
schlecht	schlechter	schlechtester, der schl.
mały	**mniejszy**	**najmniejszy**
mauy	mnjäjschy	najmnjäjschy
klein	kleiner	kleinster, der kleinste
wielki	**większy**	**największy**
wjälki	wjänkschy	najwjänkschy
groß	größer	größter, der größte

vergleichen

Vergleicht man nun zwei Personen oder Dinge miteinander, benutzt man zusätzlich zur Komparativform das Wörtchen niż (als).

Marek jest starszy niż Piotr.
maräk jäßt ßtarschy njisch pjotr
Marek ist älter als Piotr.

Sind die miteinander verglichenen Personen oder Dinge gleich, so benutzt man tak + Eigenschaftswort + jak:

Basia jest tak wysoka jak Kasia.
baschja jäßt tak wyßoka jak kaschja
Basia ist so groß (*wörtl.:* hoch) wie Kasia.

Wenn man sagen will, dass jemand „zu viel" von einer Eigenschaft hat, so benutzt man das Wort za + Eigenschaftswort:

Ten samochód jest za drogi dla ciebie.

tän ßamochut jäßt sa drogi dla tschjäbjä

Dieses Auto ist zu teuer für dich.

derselbe / der gleiche

Und damit haben Sie auch die hinweisenden Fürwörter ten, ta, to *(dieser, -e, -es) sowie* taki, taka, takie *(solcher / so einer, solche / so eine, solches / so eines) kennengelernt.*

Im Polnischen wird unterschieden zwischen ten sam (derselbe) und taki sam (der gleiche), die erwartungsgemäß auch gebeugt werden.

Ten sam wird benutzt, wenn es um dieselbe Person bzw. denselben Gegenstand geht, d. h. wenn etwas identisch ist. Taki sam dagegen drückt Gleichartigkeit aus, z. B. wenn es um zwei Autos des gleichen Modells und der gleichen Farbe handelt.

ten *(m)*	**ta** *(w)*	**to** *(s)*
dieser	diese	dieses
ten sam *(m)*	**ta sama** *(w)*	**to samo** *(s)*
derselbe	dieselbe	dasselbe
taki sam *(m)*	**taka sama** *(w)*	**takie samo** *(s)*
der gleiche	die gleiche	das gleiche

To jest ta sama pani.

to jäßt ta ßama panji

das es-ist diese selbe Frau

Es ist dieselbe Frau.

Mam taki sam plecak jak twój.

mam taki ßam pletzak jak tfuj

ich-habe solcher selber Rucksack wie deiner

Ich habe den gleichen Rucksack wie du.

wichtige Eigenschaftswörter

dobry	dobry	gut
zły	suy	schlecht
młody	muody	jung
nowy	nowy	neu
stary	ßtary	alt
wysoki	wyßoki	hoch, groß
niski	njiski	niedrig, klein
głęboki	guämboki	tief
wielki	wjälki	groß (bedeutend)
duży	dushy	groß (Ausmaß)
mały	mauy	klein
długi	duugi (dwugi)	lang
krótki	krutki	kurz
szeroki	schäroki	breit
wąski	wonßki	eng, schmal
piękny	pjänkny	schön
brzydki	bshytki	hässlich
mądry	mondry	klug
głupi	guupi (gwupi)	dumm
szybki	schypki	schnell
powolny	powolny	langsam
ciepły	tschjäpuy	warm
gorący	gorontzy	heiß
zimny	shjimny	kalt
lekki	läk-ki	leicht
ciężki	tschjängschki	schwer
wczesny	ftschäßny	früh
późny	pushjny	spät
tani	tanji	billig
drogi	drogi	teuer

Farben		
czerwony	tschärwony	rot
żółty	shuty	gelb
zielony	shjälony	grün
niebieski	njäbjäski	blau
biały	bjauy	weiß
czarny	tscharny	schwarz
szary	schary	grau

Umstandswörter

Umstandswörter als
Mengenangaben:
dużo dusho *viel,*
mało mauo *wenig.*

Umstandswörter (Adverbien) werden von Eigenschaftswörtern abgeleitet, indem man die Endung des Adjektivs durch -ie bzw. -o (je nach dem vorhergehenden Mitlaut) ersetzt:

inteligentny	**inteligentnie**	intelligent
intäligäntny	intäligäntnjä	
szybki	**szybko**	schnell
schypki	schypko	
mądry	**mądrze**	klug, weise
mondry	mondshä	

Kierowca zareagował szybko.
kjäroftza saräagowau schypko
Fahrer er-reagierte schnell[Adv]
Der Fahrer hat schnell reagiert.

Auch Umstandswörter können gesteigert werden. Dafür ersetzt man die Endungen des Eigenschaftsworts im Komparativ bzw. Superlativ (einschließlich der Steigerungsendung) durch -iej.

lepszy	lepiej	besser
najlepszy	najlepiej	am besten

Dzisiaj jest cieplej niż wczoraj.
dshjischjaj jäßt tschjäpläj njisch ftschoraj
heute es-ist wärmer^Adv als gestern
Heute ist es wärmer als gestern.

dużo, wiele	więcej
viel (*Adv.*)	mehr (*Adv.*)

mało	mniej
wenig (*Adv.*)	weniger (*Adv.*)

Auch im Polnischen zählt man zu den Umstandswörtern eine ganze Reihe wichtiger Vokabeln, die nicht von Eigenschaftswörtern abgeleitet sind.

zawsze	safschä	immer
nigdy	njigdy	nie(mals)
często	tschä^{ng}ßto	oft
teraz	täras	jetzt
tu	tu	hier
tam	tam	dort
razem	rasäm	zusammen

Persönliche Fürwörter

Im Grunde entsprechen die persönlichen Fürwörter (Personalpronomen) dem aus dem Deutschen bekannten System.

Es gibt jedoch zwei wichtige Unterschiede, die man sich merken muss. Erstens existiert so etwas wie die höfliche Anredeform „Sie" im Polnischen nicht. Was die Polen stattdessen sagen, entspricht der alten deutschen Anredeform „der Herr" bzw. „die Dame", die man ab und zu noch in Tante-Emma-Läden zu hören bekommt.

pan	pan	(der) Herr
panowie	panowjä	(die) Herren
pani	panji	(die) Dame
panie	panjä	(die) Damen

Wenn man ein Ehepaar oder eine gemischte Gruppe von Frauen und Männern anspricht, sagt man państwo („die Herrschaften").

Dies alles sieht zwar kompliziert aus, man gewöhnt sich aber schnell daran. In der Praxis braucht man sowieso meistens nur pan bzw. pani.

Die zweite Abweichung vom Deutschen besteht darin, dass im Polnischen die Personalpronomen für den Satzgegenstand (Subjekt) nur dann benutzt werden, wenn die handelnde Person besonders hervorgehoben werden soll. Man kann nämlich die Person des

Subjekts bereits eindeutig an der Endung des Tätigkeitswortes erkennen.

czytam tschytam	*ich-lese*	ich lese
ja czytam ja tschytam	*ich ich-lese*	ich (!) lese (*und nicht du*)

Obwohl die Personalpronomen seltener als im Deutschen verwendet werden, muss man sie natürlich trotzdem kennen.

Einzahl		
ja	ja	ich
ty	ty	du
on	on	er
ona	ona	sie
ono	ono	es
Mehrzahl		
my	my	wir
wy	wy	ihr
oni	onji	sie (*alle*)
one	onä	sie (*nur Frauen*)

Oni (sie) bezieht sich nur auf eine Gruppe von Männern oder auf eine gemischte Gruppe von Frauen und Männern.

Achtung, verwechseln Sie nicht:

ja	ja	ich
tak	tak	ja

Besitzanzeigende Fürwörter

Besitzanzeigende Fürwörter richten sich wie Eigenschaftswörter nach dem Geschlecht des Hauptwortes, das sie begleiten.

Unveränderlich (und daher eher nicht den Eigenschaftswörtern ähnlich) sind die Formen jego, jej und ich. Es spielt also hier keine Rolle, ob das Hauptwort, das sie begleiten, in der Ein- oder Mehrzahl steht.

Hauptwort steht in der Einzahl

	männl.	weibl.	sächl.
mein	**mój**	**moja**	**moje**
dein	**twój**	**twoja**	**twoje**
sein	**jego**	**jego**	**jego**
ihr	**jej**	**jej**	**jej**
unser	**nasz**	**nasza**	**nasze**
euer	**wasz**	**wasza**	**wasze**
ihr	**ich**	**ich**	**ich**
Ihr	**pana** (m) / **pani** (w) / **państwa**		

Bei der höflichen Anrede verwendet man als Ersatz für das fehlende besitzanzeigende Fürwort („Ihr") die Genitivformen von pan, pani und państwo. Auch hier ist die grammatische Zahl des „besessenen" Nomens unwichtig.

mój syn
muj ßyn
mein Sohn

moja córka
moja tzurka
meine Tochter

moje dziecko
mojä dshjätzko
mein Kind

jego ojciec
jägo ojtschjätz
sein Vater

jej ojciec
jägo ojtschjätz
ihr Vater

ich ojciec
ich ojtschjätz
ihr *(Mz)* Vater

jego matka
jägo matka
seine Mutter

jej matka
jäj matka
ihre Mutter

pana matka
pana matka
Ihre Mutter

Hauptwort steht in der Mehrzahl

Wie bei den Adjektiven gibt es hier nur zwei Gruppen, eine für männliche Personen und eine für alles andere.

	männl. Personen	alle anderen
meine	moi	moje
deine	twoi	twoje
seine	jego	–
ihre	–	jej
unsere	nasi	nasze
eure / Ihre	wasi	wasze
ihre	ich	ich

moi przyjaciele
moji pschyjatschjälä
meine Freunde

moje przyjaciółki
mojä pschyjatschjuki
meine Freundinnen

moje buty
mojä buty
meine Schuhe

moje dzieci
mojä dshjätschji
meine Kinder

Wenn der Besitzer des Hauptwortes zugleich das Subjekt des Satzes ist, ist im Polnischen die Benutzung des rückbezüglichen besitzanzeigenden Fürwortes swój zwingend. Man kann es mit „eigenes" übersetzen:

Es bildet sämtliche Beugungsformen parallel zu mój und twój.

(Ja) mam swoją książkę.
(ja) mam ßfojo[ng] kschjo[ng]schkä
(ich) habe eigene Buch[Akk]
Ich habe mein eigenes Buch.

Beachten Sie, dass swój für Subjekte aller Personen gilt.

Sein & Haben

Das Hilfsverb „sein" heißt im Polnischen być, und „haben" mieć. Anders als im Deutschen wird das Hilfsverb „sein" nur sehr begrenzt, und „haben" nie zur Bildung der Zeitformen von Tätigkeitswörtern verwendet. Dies geschieht vielmehr mit Vorsilben und Endungen. Eine Form wie „er ist gegangen" wird z. B. so ausgedrückt: on poszedł (= po-szedł), weiblich ona po-sz-ła und sächlich ono po-sz-ło. Mehr zur Bildungsweise dieser Formen finden Sie in den Kapiteln „Aspekte" und „Vergangenheit".

Beugung von „sein"

(ja) jestem
(ja) jäßtäm
ich bin

(my) jesteśmy
(my) jäßtäschjmy
wir sind

(ty) jesteś
(ty) jäßtäschj
du bist

(wy) jesteście
(wy) jäßtäschjtschjä
ihr seid

(on / ona / ono) jest
(on / ona / ono) jäßt
er / sie / es ist

(oni / one) są
(onji / onä) ßo[ng]
sie sind

To jest drogie.
to jäßt drogjä
Das ist teuer.

On jest lekarzem.
on jäßt läkashäm
Er ist Arzt.

Beugung von „haben"

Die Endungen von mieć sind recht regelmäßig.

(ja) mam
(ja) mam
ich habe

(my) mamy
(my) mamy
wir haben

(ty) masz
(ty) masch
du hast

(wy) macie
(wy) matschjä
ihr habt

(on / ona / ono) ma
(on / ona / ono) ma
er / sie / es hat

(oni / one) mają
(onji / onä) majo[ng]
sie haben

Wo im Deutschen ein zusammengesetztes Hauptwort steht, benutzt man im Polnischen oft den Genitiv (häufig aber auch Eigenschaftswörter).

Mam plan miasta.
mam plan mjaßta
ich-habe Plan Stadt[Gen]
Ich habe einen Stadtplan.

Krakau, unter den Tuchhallen (Sukiennice)

Tätigkeitswörter

Das polnische Verb unterscheidet vier Beugungsklassen, wie beispielsweise auch das Lateinische oder das Französische. Die eigentlichen Beugungsendungen der Personalformen sind ähnlich wie bei „sein" und „haben".

	kochać	rozumieć
	kochatschj	rosumjätschj
	lieben	verstehen
ja	kocham	rozumiem
ty	kochasz	rozumiesz
on / ona / ono	kocha	rozumie
my	kochamy	rozumiemy
wy	kochacie	rozumiecie
oni / one	kochają	rozumieją

	pracować	widzieć
	pratzowatschj	widshjätschj
	arbeiten	sehen
ja	pracuję	widzę
ty	pracujesz	widzisz
on / ona / ono	pracuje	widzi
my	pracujemy	widzimy
wy	pracujecie	widzicie
oni / one	pracują	widzą

Wenn man einmal eine personengebeugte Form kennt, sind die anderen Personenformen üblicherweise kein Problem. Problematisch kann es jedoch sein, von der Grundform (Infinitiv) auf die richtigen Personenendungen zu schließen.

Eine Erklärung, wie man alle polnischen Verben richtig beugt, würde leider den Rahmen unseres Kauderwelsch-Sprechführers sprengen. Man sollte sich aber auf jeden Fall merken, dass jeweils die Endungen der 3. Person Einzahl („er / sie / es") sowie der 3. Person Mehrzahl („sie") die Beugungsgruppe des polnischen Tätigkeitswortes verraten:

kochać	**kocha**	**kochają**
kochatschj		
rozumieć	**rozumie**	**rozumieją**
rosumjätschj		
pracować	**pracuje**	**pracują**
pratzowatschj		
widzieć	**widzi**	**widzą**
widshjätschj		

Damit ist das Thema der Beugungsklassen noch lange nicht erschöpft. Es reicht aber, um einen groben Überblick zu haben.

© Bart Kwieciszewski@Fotolia.com

Warschauer Altstadt

Unregelmäßige Tätigkeitswörter

Es gibt leider ziemlich viele unregelmäßige Tätigkeitswörter. Aber auch bei den unregelmäßigen Verben gibt es ein leicht erkennbares System. Normalerweise handelt es sich um Lautverschiebungen im Wortinneren (am „Wortstamm"), und nicht um Abweichungen von den regelmäßigen Endungen. Auch hier genügt es, sich ein oder zwei Beugungsformen zu merken, um auf die Beugungsendungen sämtlicher Personen schließen zu können.

	brać	**stać**
	bratschj	ßtatschj
	nehmen	stehen
ja	**biorę**	**stoję**
ty	**bierzesz**	**stoisz**
on / ona / ono	**bierze**	**stoi**
my	**bierzemy**	**stoimy**
wy	**bierzecie**	**stoicie**
oni / one	**biorą**	**stoją**

	iść	**jechać**
	ischjtschj	jächatschj
	gehen	fahren
ja	**idę**	**jadę**
ty	**idziesz**	**jedziesz**
on / ona / ono	**idzie**	**jedzie**
my	**idziemy**	**jedziemy**
wy	**idziecie**	**jedziecie**
oni / one	**idą**	**jadą**

Modalverben

Modalverben werden als Hilfsverben zusammen mit einem vollen Tätigkeitswort gebraucht und verleihen diesem einen zusätzlichen Bedeutungsaspekt (z. B. „können", „wollen", „müssen", „dürfen" usw.).

Dabei wird das Modalverb gebeugt, und das Vollverb bleibt in der Grundform (Infinitiv). Wenn man also die korrekten Formen der Modalverben kennt, hat man einen guten Trick, um sich das Auswendiglernen oder Erraten der gebeugten Verbformen zu ersparen.

Das gebeugte Modalverb steht an der gewohnten Stelle wie jedes andere Tätigkeitswort. Die Grundform des Vollverbs steht jedoch nach dem Modalverb.

chcieć chtschjätschj
wollen

Chcę zostać w mieście.
chtzä soßtatschj w mjäschjtschjä
ich-will bleiben in Stadt^{Lok}
Ich will in der Stadt bleiben.

Die höflichere Variante „möchte" gibt es auch, und zwar ausgedrückt durch die Bedingungsform „würde wollen":

möchte

Chciałbym być nauczycielem.
chtschjaubym bytschj na-utschytschjäläm
ich-würde-wollen sein Lehrer^{Instr}
Ich möchte Lehrer werden.

Modalverben

lubić lubitschj **mögen, gern haben**	**Bardzo lubię piwo.** bardso lubjä piwo *sehr ich-mag Bier* Ich mag Bier sehr gern.

„Können" im Sinne von „Möglichkeit haben" heißt móc (mutz), im Sinne von „eine Fähigkeit erworben haben" jedoch umieć (umjätschj).

können	**Czy może pan mi pomóc?** tschy moshä pan mi pomutz *ob er-kann Herr mir helfen* Können Sie mir bitte helfen?

Ten chłopiec dobrze umie pływać.
tän chuopjätz dobshä umjä puywatschj
dieser Junge gut er-weiß schwimmen
Dieser Junge kann gut schwimmen.

man darf, es ist möglich Można ist ein unpersönlicher Ausdruck und bedeutet „man darf / kann, es ist möglich":

Tu można wymieniać pieniądze.
tu moshna wymjänjatschj pjänjondsä
hier man-kann wechseln Geld
Hier kann man Geld wechseln.

„Dürfen" im Sinne von „Erlaubnis haben" kann man auch mit wolno + *Infinitiv ausdrücken.* In der Vergangenheit wird dies zu można było:

Nie można było nic kupić.
njä moshna byuo njitz kupitschj
nicht man-kann es-war nichts kaufen
Man konnte nichts kaufen.

Auch „müssen" kann man persönlich (musieć **müssen**
muschjätschj) und unpersönlich ausdrücken:

Muszę jutro pojechać autobusem do Poznania.
muschä jutro pojächatschj autobußäm do posnanja
ich-muss morgen fahren Bus^{Instr} nach Posen^{Gen}
Morgen muss ich mit dem Bus nach Posen
fahren.

Der unpersönliche Ausdruck trzeba (man **man muss**,
muss / es ist nötig) bleibt immer unverändert: **es ist nötig**

Trzeba już iść.
tschäba jusch ischjtschj
man-muss schon gehen
Ich muss / wir müssen schon gehen.

	chcieć	móc
	wollen	können
ja	chcę	mogę
ty	chcesz	możesz
on / ona / ono	chce	może
my	chcemy	możemy
wy	chcecie	możecie
oni / one	chcą	mogą

	umieć	musieć
	können	müssen
ja	umiem	muszę
ty	umiesz	musisz
on / ona / ono	umie	musi
my	umiemy	musimy
wy	umiecie	musicie
oni / one	umieją	muszą

Aspekte

Die so genannten „Aspekte" der Tätigkeits-wörter sind wohl für Deutsche der schwierig-ste Teil der polnischen Grammatik, weil es so etwas im Deutschen nicht gibt.

Aspekte sind nicht mit Zeitformen zu ver-wechseln. Grundkriterium dabei ist, ob die Handlung noch im Verlauf (unvollendet) oder bereits abgeschlossen (vollendet) ist.

Bis jetzt haben Sie ganz überwiegend For-men im unvollendeten Aspekt kennen ge-lernt, weil diese in der Praxis häufiger ge-braucht werden. Es ist fast nicht möglich, ganz fehlerfrei mit den Aspekten umzugehen.

© remik44992@Fotolia.com

■ Zug in polnischer Landschaft

Dafür ist das System viel zu kompliziert und erfordert echtes Sprachgefühl.

Trotzdem sei hier in groben Zügen erklärt, wie es funktioniert. Die Aspekte sind charakteristisch für alle slawischen Sprachen. Im Deutschen benötigt man meist zusätzliche Wörter, um den gleichen Sachverhalt auszudrücken. Und obwohl das Polnische hier teilweise andere Denkkategorien als das Deutsche zeigt, lässt sich das dahinterstehende Prinzip trotzdem nachvollziehen.

unvollendeter Aspekt

Der unvollendete Aspekt kann die Gewohnheitsmäßigkeit einer Handlung ausdrücken:

(Zwykle) kupował gazetę.
(swyklä) kupowau gasätä
(üblicherweise) er-kaufte[unvo] Zeitung
(Üblicherweise) kaufte er eine Zeitung.

Piszę listy.
pischä listy
ich-schreibe[unvo] Briefe
Ich schreibe Briefe.

Das erste Beispiel zeigt eine sich wiederholende Handlung in der Vergangenheit, das zweite eine in der Gegenwart. Überdies kann der unvollendete Aspekt auch den Verlauf einer Handlung, die während der Äußerung noch immer andauert, zum Ausdruck bringen.

Hier geht es nicht um das Resultat des Schreibens, sondern um den Vorgang des Schreibens.

Dzisiaj pisałem list.

dshjischjaj pißauäm lißt

heute ich-schrieb[unvo, m] Brief

Heute war ich dabei, einen Brief zu schreiben.

vollendeter Aspekt

Allerdings gibt es sehr wohl vollendete Verbformen, die scheinbar eine Gegenwartsform darstellen. Diese werden aber zur Bildung der Zukunft verwendet (siehe Kapitel „Die Zeiten"). Außerdem muss man berücksichtigen, dass wir im Deutschen bei den Zeitformen wohl etwas nachlässig sind: wenn man sagt „ich gehe jetzt", dann liegt die Handlung durchaus noch (knapp) in der Zukunft, wird aber mit der Gegenwart ausgedrückt. Polnisch ist in dieser Hinsicht konsequenter.

Die Tatsache, dass es hier nur um vollendete, abgeschlossene Handlungen geht, schließt (im Prinzip) logischerweise eine Gegenwartsform für diesen Aspekt aus, denn die Gegenwart kann noch nicht abgeschlossen sein. Hier wird nämlich betont, was bereits beendet worden ist oder in der Zukunft beendet werden wird. Oft steht hierbei das Resultat der Handlung im Mittelpunkt.

Dzisiaj napisałem list.

dshjischjaj napißauäm lißt

heute ich-habe-geschrieben[vo, m] Brief

Heute habe ich einen Brief geschrieben.
(*Und er ist fertig geschrieben.*)

Hier habe ich das Tätigkeitswort in der Vergangenheit mit Hilfe der deutschen Konstruktion Hilfsverb + Partizip (Mittelwort) übersetzt, obwohl das polnische napisałem kein Partizip ist (historisch geht es allerdings aus einem solchen hervor). Ich übersetze es hier aber so, um den vollendeten Charakter der Handlung zu verdeutlichen.

Kiedy napisałeś list?
kjädy napißauäschj lißt
wann du-hast-geschrieben^{vo, m} Brief
Wann hast du den Brief geschrieben?
(= *zu Ende geschrieben*)

Noch einmal zum Vergleich in Tabellenform:

piszę pischä	ich schreibe, bin am Schreiben
pisałem pißauäm	ich war am Schreiben

Beide Verbformen stehen hier im unvollendeten Aspekt. Die Zeitstufen sind jedoch verschieden, denn die erste steht in der Gegenwart, und die zweite in der Vergangenheit. Vergleichen Sie deshalb auch:

pisałem pißauäm	ich war am Schreiben (*wie oben*)
napisałem napißauäm	ich habe geschrieben

Hier stehen beide Beispiele jeweils in der Vergangenheit. Die unterschiedlichen Aspekte geben dabei die Zusatzinformation an, ob eine Handlung in der Vergangenheit sich lediglich ereignete (unvollendeter Aspekt) oder in der Vergangenheit abgeschlossen wurde (vollendeter Aspekt).

Aber berücksichtigen Sie stets: die polnischen Aspekte sind keine Zeitstufen. Im Deutschen gelten zwar „ich schrieb" und „ich habe geschrieben" als unterschiedliche „Zeiten", tatsächlich stehen sie aber beide in der Vergangenheit. Eine gewisse Ähnlichkeit besteht auch zum Englischen mit seiner „Verlaufsform", aber auch diese ist nicht ganz deckungsgleich mit dem unvollendeten Aspekt im Polnischen.

Glücklicherweise gibt es eine Reihe von kleinen Schlüsselwörtern, die einen deutlichen Hinweis auf den zu benutzenden Aspekt geben, wie zawsze (immer) oder czasem (manchmal). Diese stehen regelmäßig mit einem Tätigkeitswort im vollendeten Aspekt. Raz bzw. jeden raz (einmal) spielt eine ähnliche Rolle als Anzeiger für den vollendeten Aspekt, ebenso już (schon).

Für den Anfänger dürfte jedoch der unvollendete Aspekt von größerer Bedeutung sein. Einerseits ist er (meist) einfacher zu bilden, andererseits nützlicher, da man von ihm alle drei Zeitstufen bilden kann. In den Wörterlisten sind beide Aspekte angegeben.

aus „unvollendet" wird „vollendet"

Man kann den vollendeten Aspekt bilden, indem man dem Tätigkeitswort im unvollendeten Aspekt eine Vorsilbe voranstellt, wie z. B. pisać – napisać (schreiben), robić – zrobić (machen, tun) Diese Tätigkeitswörter werden im vollendeten Aspekt genauso gebeugt wie im unvollendeten Aspekt. Zwei weitere Beispiele mit noch anderen Vorsilben:

Leider muss man die passende Vorsilbe für jedes Tätigkeitswort jeweils einzeln lernen.

unvollendet	vollendet	
czekać	**zaczekać**	warten
tschäkatschj	satschäkatschj	
jechać	**pojechać**	fahren
jächatschj	pojächatschj	

Es gibt noch zwei weitere Möglichkeiten, Aspektformen zu bilden. Die erstere funktioniert mittels einer Veränderung des „Stammes" im Inneren des Wortes:

unvollendet	vollendet	
dawać	**dać**	geben
dawatschj	datschj	
pomagać	**pomóc**	helfen
pomagatschj	pomutz	

Bei Verben mit solchen Aspektpaaren ist üblicherweise die vollendete Form historisch ursprünglicher und oft auch einfacher zu beugen, während die unvollendete Form davon abgeleitet, länger und komplizierter ist.

Solche Aspektpaare folgen oft unterschiedlichen Beugungsklassen. Dies zeige ich anhand des Beispiels von dawać – dać (geben):

	unvollendet	vollendet
	dawać	**dać**
ja	**daję**	**dam**
	ich gebe	ich werde geben
ty	**dajesz**	**dasz**
on / ona / ono	**daje**	**da**
my	**dajemy**	**damy**
wy	**dajecie**	**dacie**
oni / one	**dają**	**dadzą**

Zweitens wird der vollendete Aspekt einiger wichtiger Tätigkeitswörter gänzlich anders als im unvollendeten Aspekt gebildet, z. B.:

unvollendet	vollendet	
mówić	**powiedzieć**	sprechen
muwitschj	powjädshjätschj	
widzieć	**zobaczyć**	sehen
widshjätschj	sobatschytschj	

Hier sind wir bei den unregelmäßigen Verben. Es sind praktisch zwei getrennte Verben, die sich aber zu einem Aspektpaar ergänzen.

	unvollendet	vollendet
	mówić	powiedzieć
ja	mówię	powiem
	ich spreche	ich werde sprechen
ty	mówisz	powiesz
on / ona / ono		mówi powie
my	mówimy	powiemy
wy	mówicie	powiecie
oni / one	mówią	powiedzą

©JK@Fotolia.com

Hohe Tatra

Die Zeiten

Tätigkeitswörter im vollendeten Aspekt können nicht alle Zeitformen bilden.

Vergangenheit

Meistens wird sowohl im vollendeten als auch im unvollendeten Aspekt die Vergangenheitsform gebildet, indem man den Endbuchstaben des Infinitivs durch die entsprechende Endung der Vergangenheit ersetzt. Für die Vergangenheit gibt es in der Einzahl eindeutige Endungen für männliche, weibliche und sächliche Hauptwörter.

(on) szedł (on) schät	er ging
(ona) szła (ona) schua	sie ging
(ono) szło (ono) schuo	es ging

In der Vergangenheit Mehrzahl sieht es etwas anders aus, weil wieder zwischen männlichen Personen einerseits und allen anderen Kategorien andererseits unterschieden wird:

(oni) szli (oni) schli	sie gingen (*Männer*)
(one) szły (onä) schuy	sie gingen (*alle anderen*)

Allerdings ist bei unserem Beispiel, dem sehr wichtigen Verb iść *„gehen“, die Bildung des Vergangenheitsstammes äußerst unregelmäßig. Die eigentlichen Endungen gelten jedoch für alle Verben.*

Für gemischte Gruppen aus Männern und Frauen verwendet man ebenfalls die männliche Verbform.

Das Prinzip der Geschlechtsmarkierung gilt auch für die 1. und 2. Person, hier demonstriert an einem regelmäßigen Tätigkeitswort:

pisałem	**pisałam**
pißauäm	pißauam
*ich-schrieb*ᵐ	*ich-schrieb*ʷ
ich (*Mann*) schrieb	ich (*Frau*) schrieb

Im vollendeten Aspekt wird auf genau die gleiche Weise gebeugt:

napisałem	**napisałam**
napißauäm	napißauam
*ich-schrieb*ᵐ	*ich-schrieb*ʷ
ich habe geschrieben	ich habe geschrieben

In der Gegenwart wird, wie im Deutschen, das Geschlecht nicht unterschieden.

(ja) idę	ich gehe (*m / w*)
(on / ona) idzie	er / sie geht
(ja) piszę	ich schreibe (*m / w*)
(on / ona) pisze	er / sie schreibt

Folgende Tabelle zeigt sämtliche Vergangenheitsformen anhand von pisać (schreiben):

Einzahl	**männlich**	**sächlich**	**weiblich**
ja	**pisałem**	–	**pisałam**
ty	**pisałeś**	–	**pisałaś**
on / ono / ona	**pisał**	**pisało**	**pisała**
Mehrzahl	**männl. Pers.**	**alle anderen**	
my	**pisaliśmy**	**pisałyśmy**	
wy	**pisaliście**	**pisałyście**	
oni / one	**pisali**	**pisały**	

unregelmäßige Tätigkeitswörter

In der Gegenwartszeit hatten wir das Verb brać (nehmen) als unregelmäßig kennengelernt. In der Vergangenheit ist seine Beugung viel voraussagbarer. Dies gilt für sehr viele Verben.

männlich	sächlich	weiblich	Einzahl
brałem	–	brałam	ja
brałeś	–	brałaś	ty
brał	brało	brała	on / ono / ona
männl. Pers.	**alle anderen**		**Mehrzahl**
braliśmy	brałyśmy		my
braliście	brałyście		wy
brali	brały		oni / one

Tatsächlich unregelmäßig ist iść (gehen):

männlich	sächlich	weiblich	Einzahl
szedłem	–	szłam	ja
szedłeś	–	szłaś	ty
szedł	szło	szła	on / ono / ona
männl. Pers.	**alle anderen**		**Mehrzahl**
szliśmy	szłyśmy		my
szliście	szłyście		wy
szli	szły		oni / one

© jacekbieniek@Fotolia.com

Hafeneinfahrt in Kolberg (Kołobrzeg)

Zukunft im unvollendeten Aspekt

Im Deutschen benutzt man die eigentliche Zukunftskonstruktion mit „werden" relativ selten. Sobald eine eindeutige Zeitangabe dabeisteht, verwenden wir normalerweise die Gegenwartsform.

Im Polnischen ist dies jedoch nicht der Fall. Hier muss man die Zukunftskonstruktion mit będę (bändä) usw. (Zukunftsform von być „sein") benutzen. Die Wortstellung ist: będę (usw.) + Grundform des Vollverbs.

będę pisać	ich werde schreiben	ja
będziesz pisać	du wirst schreiben	ty
będzie pisać	er / sie / es wird schreiben	on / ono / ona
będziemy pisać	wir werden schreiben	my
będziecie pisać	ihr werdet schreiben	wy
będą pisać	sie werden schreiben	oni / one

Eine andere Möglichkeit ist die Kombination von „werden" + Vergangenheit. Diese sollten Sie wenigstens passiv kennen.

Ez	**männl.**	**weibl.**
ja	**będę pisać**	**będę pisała**
Mz	**männl. Pers.**	**alle anderen**
my	**będziemy pisali**	**będziemy pisały**

Da będę ohnehin die Zukunft von być darstellt, benötigen wir für dieses Verb nur diese eine Form und nicht etwa będę + być.

Zukunft im vollendeten Aspekt

Die Zukunft kann sowohl im unvollendeten und als auch im vollendeten Aspekt ausgedrückt werden. Für den vollendeten Aspekt der Zukunft benutzt man die vollendete Gegenwartsform; diese Form hat also Zukunftsbedeutung. Sowohl będę pisać als auch napiszę bedeuten demnach „ich werde schreiben". Dabei betont ersteres aber den Vorgang (oder die Gewohnheit) des Schreibens, während letzteres auf das Ergebnis des Schreibens abzielt („aufschreiben", „zu Ende schreiben").

Verneinung

Verneint wird eine Aussage mit nie (nicht), das vor dem gebeugten Tätigkeitswort steht:

Nie mogę.
njä mogä
nicht ich-kann
Ich kann nicht.

Weitere Verneinungswörter

nie
nein

nic
nichts

nigdy
niemals

nikt
niemand

nigdzie
nirgendwo

żaden, -dna, -dne
keiner, -e, -es

doppelte Verneinung

Bei besonderen Verneinungswörtern wie „nichts", „nie" usw. wird immer „doppelt" verneint. Auch in solchen Fällen erhält das Tätigkeitswort die Verneinungpartikel nie (nicht).

Nic nic mówię.
njitz njä muwjä
nichts nicht ich-spreche
Ich sage nichts.

Nigdy nie byłem w Polsce.
njigdy njä byuäm w polßtzä
nie nicht ich-war[m] in Polen[Lok]
Ich war noch nie in Polen.

w żadnym razie
w shadnym rashjä
in keinem[Lok] Fall[Lok]
auf keinen Fall

Nikt nic nie mówi.
njikt njitz njä muwi
niemand nichts nicht spricht
Niemand sagt irgendetwas.

© udra11@Fotolia.com

▰ Palast der Kultur und Wissenschaft, Warschau

Fragen

Man unterscheidet zwischen Entscheidungsfragen und Satzfragen. Auf Entscheidungsfragen antwortet man nur mit „ja", „nein" oder „vielleicht". Sie werden ohne ein spezielles Fragewort gebildet. Auf Satzfragen wird ein vollständiger Satz bzw. eine konkrete Angabe als Antwort erwartet. Man bildet sie mit speziellen Fragewörtern (z. B. „wer", „wie").

Entscheidungsfragen

Also werden Entscheidungsfragen im Polnischen zwar ohne ein „spezielles" Fragewort gebildet, können aber im Gegensatz zum Deutschen eben doch ein „allgemeines" Fragewort enthalten.

In Entscheidungsfragen bleibt die Wortfolge des entsprechenden polnischen Aussagesatzes erhalten. Sie sind entweder am Tonfall zu erkennen oder werden mit der Fragepartikel czy eindeutig als Entscheidungsfrage gekennzeichnet. Dieses Wörtchen hat keine weitere Bedeutung als „Achtung, jetzt kommt eine Frage!", und kann auch nie für sich alleine stehen. Es steht immer am Satzanfang.

Aussagesatz:	Fragesatz:	
S V	S V	? S V
On pali.	**On pali?**	**Czy on pali?**
on pali	on pali	tschy on pali
Er raucht.	Raucht er?	Raucht er?

Dieses czy kann man eventuell mit dem deutschen „ob" wiedergeben, so als ob man sagen würde: „Ob er (wohl) raucht?"

Satzfragen (mit speziellem Fragewort)

Satzfragen werden durch Fragewörter eingeleitet, die immer am Anfang der Frage stehen:

kto?	kto	wer?
dokąd?	dokont	wohin?
skąd?	ßkont	woher?
ile?	ilä	wie viel?
dlaczego?	dlatschägo	warum?
jak?	jak	wie?
co?	tzo	was?
gdzie?	gdshjä	wo? / wohin?
kiedy?	kjädy	wann?
jaki?	jaki	was für ein?

Wenn der Satzgegenstand ein Hauptwort ist, ändert sich die Wortreihenfolge ebenso wie im Deutschen:

Co robi twój przyjaciel?
tzo robi tfuj pschyjatschjäl
Was macht dein Freund?

Ist der Satzgegenstand jedoch ein persönliches Fürwort, bleibt die Wortreihenfolge des polnischen Aussagesatzes (Subjekt – Verb) erhalten. Das persönliche Fürwort wird dem Tätigkeitswort also nicht nachgestellt:

Co on robi?
tzo on robi
Was macht er?

Und was **Befehlssätze** *betrifft: Polnisch hat natürlich auch gebeugte Befehlsformen des Verbs (Imperativ), die sogar relativ einfach zu bilden sind, wobei es aber wiederum Unterschiede zwischen den Beugungsklassen gibt. Allerdings gelten direkte Aufforderungen gegenüber Unbekannten in vielen Situationen als unhöflich. Sie können sich also das Erlernen der Befehlsformen ersparen, indem sie* proszę *+ Grundform (Infinitiv) des Verbs benutzen. Achten Sie hier auf die Aspekte: Wünsche, die durch eine einmalige Handlung erfüllt werden sollen, verlangen den vollendeten Aspekt.*

Proszę pana wejść.
(bitte Herrn eintreten)
Kommen Sie herein!

Bindewörter

Die Bindewörter (Konjunktionen) werden ganz ähnlich wie im Deutschen verwendet.

i	i	und, auch
a	a	und, aber, dagegen
lub	lup	oder
albo	albo	oder
albo ... albo	albo ... albo	entweder ... oder
jak	jak	als, wie
ponieważ	ponjäwasch	weil
dlatego	dlatägo	deshalb
jeśli	jäschjli	wenn, falls
potem	potäm	dann, darauf, danach
wtedy	ftädy	dann, damals
że	shä	dass
co	tzo	immer wenn

Już wiem, że ona tu jest.
jusch wjäm shä ona tu jäßt
schon ich-weiß dass sie hier sie-ist
Ich weiß schon, dass sie hier ist.

Mam biały i niebieski sweter.
mam bjauy i njäbjäßki ßwätär
ich-habe weißen und blauen Pullover
Ich habe einen weißen und blauen Pullover.

Sweter jest niebieski, a spódnica jest biała.
ßwätär jäßt njäbjäßki a ßpudnjitza jäßt bjaua
Pullover ist blauer aber Rock ist weiße
Der Pullover ist blau, und der Rock ist weiß.

Ponieważ deszcz pada, nie chcę iść na spacer.
ponjäwasch däschtsch pada njä chtzä ischjtschj na ßpatzär
weil Regen fällt nicht ich-will gehen auf Spaziergang
Da es regnet, will ich keinen Spaziergang machen.

Für „weil, denn" gibt es auch eine kurze Konjunktion: bo.

Chciałbym oglądać telewizję.
chtschjaubym oglondatschj täläwisjä
ich-würde-wollen^m schauen Fernsehen^{Akk}
Ich möchte fernsehen.

Potem możemy iść na spacer.
potäm moshämy ischjtschj na ßpatzär
dann wir-können gehen auf Spaziergang
Dann können wir einen Spaziergang machen.

Mieszkają w Warszawie albo w Gdańsku.
mjäschkajo^{ng} w Warschawjä albo w gdanjßku
sie-wohnen in Warschau^{Lok} oder in Danzig^{Lok}
Sie wohnen in Warschau oder Danzig.

Wechselstube

Verhältniswörter

Wie im Deutschen verlangen Verhältniswörter (Präpositionen) jeweils bestimmte Fälle für das von ihnen abhängige Hauptwort. Bestimmte Präpositionen können jedoch unterschiedliche Fälle verlangen. Das hängt dann von der konkreten Bedeutung, die sie in dem gegebenen Satz haben, ab. Im Deutschen wie im Polnischen gilt dies vor allem für Präpositionen, die sowohl eine örtliche Lage als auch das Ziel einer Bewegung ausdrücken.

Er war in dem Haus.   (in + *Dativ*)
Er ging in das Haus.   (in + *Akkusativ*)

Im Polnischen sind die Fälle der Ruhelage der Lokativ sowie der Instrumental, der Fall der Bewegung ist ebenfalls der Akkusativ.

Auch viele „speziellere" Präpositionen verlangen den Genitiv, z. B.:
obok „neben",
podczas „während",
oprócz „außer",
zamiast „anstelle",
naprzeciwko „gegenüber"

Präpositionen mit dem Genitiv	
dla	für
do	nach (*Richtung*), bis
u	bei
od	von, seit
bez	ohne
z	aus

z powodu + Gen:
„wegen"

dla pana
dla pana
für Sie (*den Herrn*)

do domu
do domu
nach Hause

u przyjaciół
u pschyjatschju
bei Freunden

z drewna
s dräwna
aus Holz

Präposition dem Dativ	
przeciw	gegen

Präposition (nur) mit dem Akkusativ	
przez	durch (hindurch)

Jechałem przez Warszawę.
Ich bin durch Warschau gefahren.

Präposition (nur) mit dem Instrumental	
z	mit *(Begleitung)*

kawa z mlekiem
Kaffee mit Milch

Präpositionen (nur) mit dem Lokativ	
o	über *(Thema)*
przy	an, bei *(örtlich)*

Mówiliśmy o Polsce.
Wir haben über Polen gesprochen.

mit dem Lokativ oder dem Akkusativ	
na	auf
w	in
po	nach (*Lok.: zeitlich*; *Akk.:* z. B. in „nach Brot gehen" = holen)

Idę na stację. *(Akk)*
Ich gehe zum Bahnhof.

Mój brat już jest na stacji. *(Lok)* – *Mein Bruder ist schon am Bahnhof.*

mit dem Instrumental oder dem Akkusativ	
nad	über
pod	unter
przed	vor (*örtlich; im Instr. auch zeitlich*)
za	hinter (*örtlich*); *im Akk. auch:* für
między	zwischen
poza	außerhalb, jenseits von

przed obiadem *(Instr)*
vor dem Mittagessen

przed budynkiem *(Instr)*
vor dem Gebäude

wyjść przed dom *(Akk)*
vor das Haus gehen

Die Fälle

Mit den polnischen Fällen ist es noch komplizierter als im Deutschen. Erstens gibt es drei Fälle mehr, und zweitens wird häufiger gebeugt, sogar Zahlen und Ortsbezeichnungen. Ein Hauptwort wird durch das Anhängen oder auch das Weglassen von Endungen gebeugt.

Die „Belebtheit" bei den Fällen ist nicht dasselbe wie die „Personenkategorie" bei der Mehrzahl! Bei ersterer geht es um alle Menschen und Tiere, bei letzterer nur um Männer.

Welche Endung nun genau angefügt werden muss, hängt z. T. auch davon ab, ob das Hauptwort „belebt" (ein Lebewesen) oder „unbelebt" (kein Lebewesen) ist. Beispielsweise enden männliche „belebte" Hauptwörtern im Genitiv (fast) immer auf -a, „unbelebte" männliche dagegen sehr häufig auf -u:

dla pana
dla pana
für Herrn^{Gen}
für den Herrn

do pokoju
do pokoju
nach Zimmer^{Gen}
auf das Zimmer

Genitiv Abgesehen von den sehr zahlreichen Genitiv-Präpositionen antwortet der Genitiv im Polnischen natürlich auch auf die Frage „wessen?", bezeichnet also den Besitzer.

ojciec przyjaciela
ojtschjätz pschyjatschjäla
Vater Freundes^{Gen}
der Vater des Freundes

Aber dieser Fall hat im Polnischen noch andere, wichtige Funktionen. So steht die direkte Satzergänzung (Objekt; antwortet auf „wen oder was?") zwar auch im Polnischen normalerweise im Akkusativ. Wird die Satzaussage aber verneint, dann muss das Objekt immer im Genitiv stehen.

Diese Regel erstreckt sich auch auf Aussagen vom Typ „gibt es nicht" bzw. „ist nicht da":

Chleba nie ma.
(Brotes^{Gen} nicht es-hat)
Es gibt / wir haben kein Brot.

Czytam książkę	**Nie czytam książki.**
tschytam kschjo^{ng}schkä	njä tschytam kschjo^{ng}schki
ich-lese Buch^{Akk}	*nicht ich-lese Buches^{Gen}*
Ich lese ein Buch.	Ich lese kein Buch.

Ojca nie było.
(Vaters^{Gen} nicht es-war)
Vater war nicht da.

Nach Mengenangaben, und wenn das Objekt des Satzes nur einen Teil (d. h. eine Teilmenge) einer größeren Einheit darstellt, steht ebenfalls der Genitiv.

Daj mi ten chleb.	**Daj mi chleba.**
daj mi tän chläp	daj mi chläba
gib mir dieses Brot	*gib mir Brotes^{Gen}*
Gib mir dieses Brot.	Gib mir (etwas) Brot.

Der Begriff der Mengenangabe, die den Genitiv erfordert, ist im Polnischen viel weiter gefasst als im Deutschen.

Natürlich auch:
kilo mięsa
(Kilo Fleisches^{Gen})
ein Kilo Fleisch

Chcesz mało wina?
chtzäsch mauo wina
du-willst ein-wenig Weines^{Gen}
Möchtest du ein wenig Wein?

butelka piwa
(Flasche Bieres^{Gen})
eine Flasche Bier

Dativ / Akkusativ

Der Dativ drückt wie im Deutschen das „indirekte Objekt" aus (Frage: „wem?", z. B. mit den Verben „sagen" oder „geben") und tritt daher nicht ganz so häufig in Erscheinung. Der Akkusativ wiederum ist der Fall des „direkten Objekts" in bejahten Sätzen („wen oder was?") und antwortet nach Präpositionen oft auf die Frage „wohin?" (Akkusativ der Richtung). Bei männlichen Hauptwörtern, die Personen bezeichnen, und bei Fürwörtern (Frage-, persönliche Fürwörter usw.), die sich auf Personen beiderlei Geschlechts beziehen, ist die Akkusativform immer gleich dem Genitiv. Dies hat nichts mit der Verneinungsregel zu tun.

Wczoraj spotkałem twojego męża.
ftschoraj ßpotkauäm tfojägo me^[ng]sha
gestern ich-traf^[fn] deinen Ehemann^[Akk (= Gen)]
Gestern habe ich deinen Mann getroffen.

Lokativ

Der Lokativ existiert im Deutschen nicht. Er steht praktisch nur nach gewissen Präpositionen, von denen die meisten auf die Frage „wo?" antworten. Er ist also der Fall, der den Ort ausdrückt, an dem die Handlung stattfindet (im Deutschen: der Dativ).

Leider treten gerade im Lokativ häufig lautliche Veränderungen an Selbst- und Mitlauten des Wortstammes auf.

Znajduję się w mieście.
snajdujä schjä w mjäschjtschjä
ich-befinde sich in Stadt^[Lok]
Ich befinde mich in der Stadt.

Instrumental

Das Polnische kennt noch einen weiteren Fall, den es im Deutschen nicht gibt. Der Instrumental ist – wie der Name schon sagt – der Fall, mit dem man das Instrument (Werkzeug, Fahrzeug, usw.) ausdrückt, durch das die Handlung des Verbs zustandekommt. Er antwortet somit auf die Frage „womit?". In dieser Verwendung steht im Polnischen keine zusätzliche Präposition; im Deutschen muss man an dieser Stelle „mit" oder „durch" benutzen. Zugleich drückt er den „Begleiter" als Person oder Zutat aus. In dieser Bedeutung muss im Polnischen wie im Deutschen die Präposition „mit" verwendet werden (polnisch z). Diese beiden verschiedenen Bedeutungen von „mit" sollten nicht verwechselt werden.

jechać samochodem
jächatschj ßamochodäm
ich-fahre Auto^{Instr}
mit dem Auto fahren

z przyjacielem
s pschyjatschjäläm
mit Freund^{Instr}
mit dem / einem Freund

Der Instrumental hat noch eine andere wichtige Funktion. Er bezeichnet, was jemand ist bzw. wird, oder als was er arbeitet. Er kennzeichnet also Hauptwörter als Ergänzung von Satzaussagen mit być und ähnlichen Verben.

Jestem Polakiem.
jästäm polakjäm
ich-bin Pole^{Instr}
Ich bin Pole.

Zostanę lekarzem.
soßtanä läkashäm
er-wird Arzt^{Instr}
Er wird Arzt.

Im Deutschen steht an dieser Stelle der Nominativ, also die Grundform des Hauptwortes. Ist die Ergänzung der Satzaussage mit być jedoch ein Eigenschaftswort, dann steht dieses auch im Polnischen (meist) im Nominativ.

Im Folgenden möchte ich die Fallendungen einiger Musterwörter in Tabellenform vorstellen.

männliche Hauptwörter, Einzahl		
Nom	**syn**	**nauczyciel**
Gen	**syna**	**nauczyciela**
Dat	**synowi**	**nauczycielowi**
Akk	**syna**	**nauczyciela**
Instr	**synem**	**nauczycielem**
Lok	**synu**	**nauczycielu**

syn Sohn
nauczyciel Lehrer

belebte männliche Nomen: Gen = Akk

Nom	**chłopiec**	**profesor**
Gen	**chłopca**	**profesora**
Dat	**chłopcu**	**profesorowi**
Akk	**chłopca**	**profesora**
Instr	**chłopcem**	**profesorem**
Lok	**chłopcu**	**profesorze**

chłopiec Junge

Der Lokativ ist bei männlichen Nomen entweder -(i)e oder -(i)u, der Dativ fast immer -owi.

Nom	**telefon**	**hotel**
Gen	**telefonu**	**hotelu**
Dat	**telefonowi**	**hotelowi**
Akk	**telefon**	**hotel**
Instr	**telefonem**	**hotelem**
Lok	**telefonie**	**hotelu**

unbelebte männliche Nomen: Nom. = Akk. Der Genitiv ist bei unbelebten männl. Nomen meist -u, manchmal -a.

Nom	**dzień**	**mężczyzna**
Gen	**dnia**	**mężczyzny**
Dat	**dniowi**	**mężczyźnie**
Akk	**dzień**	**mężczyznę**
Instr	**dniem**	**mężczyzną**
Lok	**dniu**	**mężczyźnie**

dzień Tag

mężczyzna Mann; wird wie weibl. Nomen gebeugt.

weibliche Hauptwörter, Einzahl

Nom	kobieta	koleżanka
Gen	kobiety	koleżanki
Dat	kobiecie	koleżance
Akk	kobietę	koleżankę
Instr	kobietą	koleżanką
Lok	kobiecie	koleżance

Bei den weiblichen Hauptwörtern spielt die Unterscheidung belebt – unbelebt keine Rolle.

kobieta *Frau*
koleżanka *Kollegin*

Nom	kawa	kuchnia
Gen	kawy	kuchni
Dat	kawie	kuchni
Akk	kawę	kuchnię
Instr	kawą	kuchnią
Lok	kawie	kuchni

kawa *Kaffee*
kuchnia *Küche*

weibliche Nomen:
Dat = Lok

Nom	podróż	miłość
Gen	podróży	miłości
Dat	podróży	miłości
Akk	podróż	miłość
Instr	podróżą	miłością
Lok	podróży	miłości

weibl. Nomen auf Mitlaut: Nom = Akk

podróż *Reise*
miłość *Liebe*

sächliche Hauptwörter, Einzahl

Nom	miasto	imię
Gen	miasta	imienia
Dat	miastu	imieniu
Akk	miasto	imię
Instr	miastem	imieniem
Lok	mieście	imieniu

sächliche Nomen:
Nom = Akk

miasto *Stadt*
imię *Name*

Die Fälle

Die Unterscheidung zwischen „Personen" (= Männern), „Nicht-Personen" und „ehrwürdigen" Personen ist nur im Nominativ wichtig.

Polak *Pole*
gość *Gast*
ojciec *Vater*
pociąg *Zug*

belebte männliche Nomen: Gen = Akk
unbelebte männliche Nomen: Nom = Akk

männliche Hauptwörter, Mehrzahl

Nom	Polacy	goście
Gen	Polaków	gości
Dat	Polakom	gościom
Akk	Polaków	gości
Instr	Polakami	gośćmi
Lok	Polakach	gościach

Nom	ojcowie	pociągi
Gen	ojców	pociągów
Dat	ojcom	pociągom
Akk	ojców	pociągi
Instr	ojcami	pociągami
Lok	ojcach	pociągach

gazeta *Zeitung*
noc *Nacht*

alle weiblichen Nomen: Nom = Akk

weibliche Hauptwörter, Mehrzahl

Nom	gazety	noce
Gen	gazet	nocy
Dat	gazetom	nocom
Akk	gazety	noce
Instr	gazetami	nocami
Lok	gazetach	nocach

Die meisten weiblichen und sächlichen Nomen haben in der Mehrzahl einen endungslosen Genitiv.

zdjęcie *Foto*
zwierzę *Tier*

sächliche Hauptwörter, Mehrzahl

Nom	zdjęcia	zwierzęta
Gen	zdjęć	zwierząt
Dat	zdjęciom	zwierzętom
Akk	zdjęcia	zwierzęta
Instr	zdjęciami	zwierzętami
Lok	zdjęciach	zwierzętach

Beugung der Eigenschaftswörter

Selbstverständlich werden im Polnischen auch die Eigenschaftswörter nach Fällen gebeugt. Dadurch stimmen sie eben auch im Fall mit dem Hauptwort, auf das sie sich beziehen, überein. Die schlechte Nachricht zuerst: die Fallendungen der Adjektive sind fast immer ganz anders als die der Hauptwörter. Die gute Nachricht aber ist, dass es hier, anders als bei den Nomen, so gut wie keine Ausnahmen gibt, und diese Endungen kommen dann auch wieder bei vielen Fürwörtern vor.

Eigenschaftswörter, Einzahl			
	männl.	weibl.	sächl.
Nom	miły	miła	miłe
Gen	miłego	miłej	miłego
Dat	miłemu	miłej	miłemu
Akk	miły / miłego	miłą	miłe
Instr	miłym	miłą	miłym
Lok	miłym	miłej	miłym

miły *lieb, nett*

männl. Adjektive Akk.:
miły *bei Unbelebtem,*
miłego *bei Lebewesen*

Eigenschaftswörter, Mehrzahl		
	männl. Personen	alle anderen
Nom	mili	miłe
Gen	miłych	miłych
Dat	miłym	miłym
Akk	miłych	miłe
Instr	miłymi	miłymi
Lok	miłych	miłych

In der Mehrzahl gilt wiederum die Unterscheidung zwischen Männern und allen anderen, allerdings nur im Nominativ Einzahl (Erweichung des letzten Mitlauts bei Männern).

Beugung der Fürwörter

Die Beugungsendungen der Fürwörter entsprechen im Wesentlichen denen der Eigenschaftswörter. Bei den persönlichen Fürwörtern gibt es allerdings unregelmäßige Formen, und in einigen Fällen auch Kurzformen zusätzlich zu den „normalen" Langformen.

Die Kurzformen können nicht am Satzanfang stehen.

Die Kurzformen stehen bei Verben, wenn das Fürwort nicht besonders betont wird. Die Langformen stehen nach Verhältniswörtern, können aber bei besonderer Betonung auch mit Tätigkeitswörtern kombiniert werden.

Genitiv und Akkusativ sind jeweils identisch, ganz gleich, ob sich das Fürwort auf einen Mann oder eine Frau bezieht.

1. und 2. Person (ich / du / wir / ihr)

In Fällen mit einer Unterscheidung zwischen Lang- und Kurzform steht die Langform zuerst, und die Kurzform nach dem Komma.

	ja	ich
Gen	**mnie**	meiner, mich
Dat	**mnie, mi**	mir
Akk	**mnie**	mich
Instr	**(ze) mną**	(mit) mir
Lok	**(o) mnie**	(über) mich

	ty	du
Gen	**ciebie, cię**	deiner, dich
Dat	**tobie, ci**	dir
Akk	**ciebie, cię**	dich
Instr	**(z) tobą**	(mit) dir
Lok	**(o) tobie**	(über) dich

Die Verhältniswörter z(e) und o stehen hier nur zur Verdeutlichung.

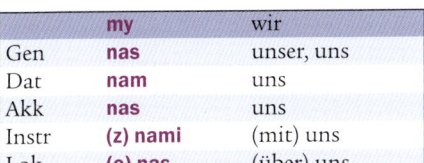

	my	wir
Gen	**nas**	unser, uns
Dat	**nam**	uns
Akk	**nas**	uns
Instr	**(z) nami**	(mit) uns
Lok	**(o) nas**	(über) uns

	wy	ihr
Gen	**was**	eurer, euch
Dat	**wam**	euch
Akk	**was**	euch
Instr	**(z) wami**	(mit) euch
Lok	**(o) was**	(über) euch

Chciałbyś iść z nami?
chtschjaubyschj ischjtschj s nami
du-würdest-wollen^m gehen mit uns^{Inst}
Möchtest du mit uns mit?

Zna mnie a nie ciebie.
sna mnjä a njä tschjäbjä
er/sie-kennt mich^{Akk} und nicht dich^{Akk}
Mich kennt er / sie, nicht dich.

Książka jest dla was.   Mówiliśmy o tobie.
kschjo^{ng}schka jäßt dla waß   muwilischjmy o tobjä
Buch sie-ist für euch^{Gen}   wir-sprachen über dich^{Lok}
Das Buch ist für euch. Wir sprachen von dir.

Kocham cię.   Daj mi gazetę.
kocham tschjä   daj mi gasätä
ich-liebe dich^{Akk}   gib mir^{Dat} Zeitung^{Akk}
Ich liebe dich.   Gib mal die Zeitung.

Dann gibt es noch das rückbezügliche Fürwort, das immer dann verwendet wird, wenn die Person, auf die sich dieses Pronomen bezieht, identisch mit dem Satzgegenstand (Subjekt) ist. Es hat keine Grundform im Nominativ; die anderen Fälle werden genauso wie die Langformen von ty *gebeugt:*

Gen	siebie
Dat	sobie
Akk	siebie
Inst	(ze) sobą
Lok	(o) sobie

Für den Akkusativ gibt es außerdem noch die besonders häufig vorkommende Kurzform się.

Mówiliśmy o sobie.
Wir sprachen über uns (selbst).

3. Person (er / sie / es; sie Mehrzahl)

Die unbetonte Kurzform steht, wie in der 1. / 2. Person auch, nach dem Verb.

Hier gibt es sogar drei verschiedene Formen: eine unbetonte Kurzform, eine betonte Form, die mit dem Verb steht, und eine, die mit Verhältniswörtern kombiniert wird.

Dałem mu ten list.
Ich gab ihm diesen Brief.

Jemu dałem a nie jej.
Ihm gab ich ihn, und nicht ihr.

Nie widziałam go wczoraj.
Gestern habe ich ihn nicht gesehen.
(sagt eine Frau).

Jego nie lubię, ją lubię.
Den mag ich nicht, aber sie mag ich.

Widzę ich.
Ich sehe sie (= Männer).

Widzę je.
Ich sehe sie (= Frauen, Dinge).

	Tätigk.	betont	Verhältn.	
on (er) / **ono** (es)				
Gen	go	jego	niego	seiner
Dat	mu	jemu	niemu	ihm
Akk (*m*)	go	jego	niego	ihn /
(*sächl.*)	je	je	nie	es
Instr	–	–	(z) nim	
Lok	–	–	(o) nim	
ona (sie)				
Gen	jej	jej	niej	ihrer
Dat	jej	jej	niej	ihr
Akk	ią	ją	nią	sie
Instr	–	–	(z) nią	
Lok	–	–	(o) niej	
oni (sie, *Mz männl.*) / **one** (sie, *Mz n.-männl.*)				
Gen	ich	ich	nich	sie
Dat	im	im	nim	ihnen
Akk (*m*)	ich	ich	nich	sie
(n.-m.)	je	je	nie	
Instr	–	–	(z) nimi	
Lok	–	–	(o) nich	

Für die höfliche Anrede (Sie) verwendet man pan („der Herr") bzw. pani („die Dame"). Diese Ausdrücke werden natürlich auch gebeugt.

Proszę pana / pani.
proschä pana / panji
ich-bitte Herrn^{Akk} / Dame^{Akk}
Ich bitte Sie darum. / Entschuldigen Sie.

Die persönlichen Fürwörter der 3. Person zeigen also die Endungen der Eigenschaftswörter, ebenso die verschiedenen Klassen von Fürwörtern, die es sonst noch so gibt: besitzanzeigende, hinweisende, Fragefürwörter usw. Hier kann ich Ihnen nur raten, im Gespräch Sätze zu vermeiden, die solche Formen erforderlich machen. Die Beugung der wichtigsten Frageformen „wer" und „was" möchte ich Ihnen aber dennoch nicht vorenthalten.

	wer?	was?
Nom	kto	co
Gen	kogo	czego
Dat	komu	czemu
Akk	kogo	co
Instr	(z) kim	czym
Lok	(o) kim	(o) czym

Czego szukasz?
tschägo schukasch
was/wessen^{Gen} du-suchst
Was suchst du?

Im Polnischen verlangt das Verb „suchen" eine Satzergänzung im Genitiv.

Durch Anhängen von -ś an die jeweiligen Beugungsformen der Fragewörter erhält man die Beugung von ktoś „jemand" bzw. coś „etwas".

also z. B. czegoś *(Gen. von „etwas") oder* komuś *(Dat. „jemand")*

Zahlen & Zählen

In den meisten Sprachen verschafft das Kapitel über Zahlen eine Atempause. Man muss nur die Zahlenreihe können. Polnisch dagegen birgt auch hier böse Überraschungen.

0	zero	säro
1	jeden	jädän
2	dwa	dwa
3	trzy	tschy
4	cztery	tschtäry
5	pięć	pjänjtschj
6	sześć	schäschjtschj
7	siedem	schjädäm
8	osiem	oschjäm
9	dziewięć	dshjäwjänjtschj
10	dziesięć	dchjäschjänjtschj

Die Zahlen 11 bis 19 werden mittels Einer plus -naście gebildet, wobei die Einerzahlen 4, 5, 6 und 9 leicht verändert werden.

11	jedenaście	jädänaschjtschjä
12	dwanaście	dwanaschjtschjä
13	trzynaście	tschynaschjtschjä
14	czternaście	tschtärnaschjtschjä
15	piętnaście	pjätnaschjtschjä
16	szesnaście	schäßnaschjtschjä
17	siedemnaście	schjädämnaschjtschjä
18	osiemnaście	oschjämnaschjtschjä
19	dziewiętnaście	dshjäwjätnaschjtschjä

Die Zehner und Hunderter werden jedoch sehr viel komplizierter gebildet als im Deutschen. Auf Deutsch sagt man ganz einfach „einhundert", „zweihundert" usw. Die Polen benutzen dagegen für „hundert" vier verschiedene Formen. Bei den Zehnern gibt es eine ähnliche Vielfalt. Schuld hieran ist neben lautlichen Angleichungsregeln vor allem die Tatsache, dass auch die Zahlen gebeugt werden. Doch dazu etwas später.

20	**dwadzieścia**	dwadshjäschjtschja
30	**trzydzieści**	tschydshjäschjtschji
40	**czterdzieści**	tschtärdshjäschjtschji
50	**pięćdziesiąt**	pjänjdshjäschjont
60	**sześćdziesiąt**	schäshjdshjäschjont
70	**siedemdziesiąt**	schjädämdshjäschjont
80	**osiemdziesiąt**	oschjämdshjäschjont
90	**dziewięćdziesiąt**	dshjäwjänjdshjäschjont

100	**sto**	ßto
200	**dwieście**	dwjäschjtschjä
300	**trzysta**	tschyßta
400	**czterysta**	tschtäryßta
500	**pięćset**	pjänjtschjßät
600	**sześćset**	schäjßät
700	**siedemset**	schjädämßät
800	**osiemset**	oschjämßät
900	**dziewięćset**	dshjäwjänjtschjßät

1.000	**tysiąc**	tyschjontz
1.000.000	**milion**	miljon

Je nach Geschlecht des gezählten Hauptwortes haben **jeden** und **dwa** unterschiedliche Formen:

m	**jeden**	jädän	**dwa**	dwa
w	**jedna**	jädna	**dwie**	dwjä
s	**jedno**	jädno	**dwa**	dwa

jeden złoty
ein Złoty

dwie gazety
zwei Zeitungen

Diese Formen für „zwei" gelten aber nur für Gegenstände – und (die weibliche) für Frauen! Für männliche Personen und gemischte Gruppen gibt es noch jeweils andere, und dies für praktisch alle Zahlen oberhalb der „eins".

männliche Personen:

3 trzej
4 czterej
5 pięciu
6 sześciu
7 siedmiu
8 ośmiu
9 dziewięciu
10 dziesięciu
100 stu

dwaj chłopcy *(m)*
zwei Jungen

dwoje dzieci *(gemischt)*
zwei Kinder

Reihenfolge zusammengesetzter Zahlen

Tausender – Hunderter – Zehner – Einer.

gemischte Gruppen:

3 troje
4 czworo
5 pięcioro

25	**dwadzieścia pięć**
694	**sześćset dziewięćdziesiąt cztery**
3.278	**trzy tysiące dwieście siedemdziesiąt osiem**

Steht eine Zahl mit einem Hauptwort, dann gilt: 1 sowie 2 bis 4 (auch 22 bis 24, 32 bis 34 usw.) verlangen keinen besonderen Fall für das Gezählte (d. h., nur den Nominativ).

To są dwa polskie miasta.
to ßo^{ng} dwa polßkjä mjaßta
Das sind zwei polnische Städte.

To są dwadzieścia dwa polskie miasta.
to ßo^{ng} dwadshjäschjtschja dwa polßkjä mjaßta
Das sind zweiundzwanzig polnische Städte.

Von 5 bis 21, 25 bis 31, 35 bis 41 usw. wird im Polnischen der Genitiv verlangt, weil die Zahlen nun als „Kollektiv" betrachtet werden.

To jest pięć polskich miast.
to jäßt pjänjtschj polßkich mjaßt
das es-ist fünf polnischer^{Gen} Städte^{Gen}
Das sind fünf polnische Städte.

To jest dwadzieścia pięć polskich miast.
to jäßt dwadshjäschjtschja pjänjtschj polßkich mjaßt
das es-ist zwanzig fünf polnischer^{Gen} Städte^{Gen}
Das sind fünfundzwanzig polnische Städte.

Das bedeutet, diese Zahlen verhalten sich wie Nomen, die gezählten Dinge sind ihr „Besitzer" (Genitiv!), und das Verb der Satzaussage steht in der Einzahl, sächliche Endung. Also: „fünf polnische Städte" = „eine Fünfzahl polnischer Städte". – Das erklärt dann übrigens auch die Unregelmäßigkeiten bei der Bildung der Zehner- und Hunderterzahlen.

Ordnungszahlen

pierwszy	pjärfschy	erster
drugi	drugi	zweiter
trzeci	tschätschji	dritter
czwarty	tschwarty	vierter
piąty	pjonty	fünfter
szósty	schußty	sechster
siódmy	schjudmy	siebter
ósmy	ußmy	achter
dziewiąty	dshjäwjonty	neunter
dziesiąty	dshjäschjonty	zehnter

Wie Eigenschaftswörter stimmen die Ordnungszahlen mit dem Hauptwort, auf das sie sich beziehen, in Geschlecht und Fall überein:

To jest moja trzecia wizyta.
to jäßt moja tschjätschja wisyta
das ist mein dritter Besuch
Es ist mein dritter Besuch.

© McDanny@Fotolia.com

Danziger Rathaus am Langen Markt

Zeit & Datum

Auch in diesem Kapitel kommt man nicht ohne gebeugte Zahlen aus.

Uhrzeit

Która jest godzina?
ktura jäßt godshjina
welche sie-ist Stunde
Wie spät ist es?

Die Stunden werden mit Ordnungs-, die Minuten mit Grundzahlen ausgedrückt. Vier Uhr ist also czwarta bzw. szesnasta (godzina entfällt bei den Zeitangaben meistens):

pięć (minut) po czwartej
pjänjtschj (minut) po tschwartäj
fünf (Minuten) nach vierte^{Lok}
fünf nach vier (auch 16:05 Uhr)

o czwartej
um vier (Uhr)

wpół do szóstej
fpu do schußtäj
halb bis sechste^{Gen}
halb sechs (auch 17:30)

za pięć ósma
sa pjänjtschj ußma
hinter fünf achte
fünf vor acht

kwadrans po piątej
kfadra^{nß}ß po pjontäj
Viertel nach fünfte^{Lok}
Viertel nach fünf (17:15)

za kwadrans trzecia
sa kfadra^{nß}ß tschätschja
hinter Viertel dritte
Viertel vor drei

Datum

Bei der Datumsangabe stehen sowohl der Tag als auch der Monat im Genitiv.

Którego mamy dzisiaj?
kturägo mamy dshjischjaj
welcher^{Gen} wir-haben heute
Welches Datum haben wir heute?

Die Datumsangabe erfolgt wie im Deutschen mit einer Ordnungszahl.

Dzisiaj mamy pierwszego marca.
dshjischjaj mamy pjärfschägo martza
Heute haben wir den 1. März

Dzisiaj jest pierwszy marca.
dshjischjaj jäßt pjarfschy martza
Heute ist der 1. März.

dwunastego lutego
dwunastägo lutägo
am 12. Februar

Genauer gesagt sind normalerweise nur die Zehner und die Einer Ordnungszahlen; die Tausender und Hunderter stehen in der Grundzahl. Ausnahme:

Auch die Jahresangabe ist im Wesentlichen eine Ordnungszahl.

dwa tysiące dziesiątego roku
dwa tyschjontzä dshjäschjontägo roku
zweitausendsten^{Gen} zehnten^{Gen} Jahres^{Gen}
im Jahr 2010

dwutysięczny rok
das Jahr 2000

rok	rok	Jahr (Ez)
lata	lata	Jahre (Mz)
lat	lat	Jahre (Mz Genitiv)

Feiertage in Polen

Nowy Rok	Neujahrstag
Wielkanoc	Ostern
1 maja	Tag der Arbeit (1. 5.)
3 maja	Verfassungstag
(Święto Konstytucji)	(3. 5. 1791)
Boże Ciało	Fronleichnam
Wniebowzięcie	Mariä Himmelfahrt
Najświętszej	(15. 8.)
Marii Panny	
Wszystkich Świętych	Allerheiligen (1. 11.)
Wigilia	Heiligabend
Boże Narodzenie	Weihnachten

Glückwünsche

Wesołych Świąt Wielkanocnych!
Frohe Ostern!

Wesołych Świąt Bożego Narodzenia!
Frohe Weihnachten!

Najlepsze życzenia urodzinowe!
Herzlichen Glückwunsch zum Geburtstag!

Wszystkiego najlepszego (z okazji urodzin)
Alles Beste (zum Geburtstag)

Jahreszeiten (pory roku)

wiosna	wjoßna	Frühling
lato	lato	Sommer
jesień	jäschjänj	Herbst
zima	shjima	Winter

Will man aus den Jahreszeiten eine Zeitangabe machen, benötigt man die Beugung im Instrumental.

wiosną	*Frühling^Instr*	im Frühling
latem	*Sommer^Instr*	im Sommer
jesienią	*Herbst^Instr*	im Herbst
zimą	*Winter^Instr*	im Winter

Tageszeiten (pory dnia)

ranek	ranäk	Morgen
przedpołudnie	pschätpouudnjä	Vormittag
południe	pouudnjä	Mittag
popołudnie	popouudnjä	Nachmittag
wieczór	wjätschur	Abend
dzień	dshjänj	Tag
noc	notz	Nacht
północ	punotz	Mitternacht
doba	doba	24-Stunden-Tag

Monate (miesiące)

styczeń	ßtytschänj	Januar
luty	luty	Februar
marzec	mashätz	März
kwiecień	kwjätschjänj	April
maj	maj	Mai
czerwiec	tschärwjätz	Juni
lipiec	lipjätz	Juli
sierpień	schjärpjänj	August
wrzesień	wshäschjänj	September
październik	pashjdshjärnjik	Oktober
listopad	lißtopat	November
grudzień	grudshjänj	Dezember

Bei Zeitangaben wie „im Januar, Februar"
usw. wird diesmal das Verhältniswort w (we)
benötigt und der Monatsname in den Lokativ
gesetzt.

w styczniu	im Januar
w lutym	im Februar
w marcu	im März
w kwietniu	im April
w maju	im Mai
w czerwcu	im Juni
w lipcu	im Juli
w sierpniu	im August
we wrześniu	im September
w październiku	im Oktober
w listopadzie	im November
w grudniu	im Dezember

Der Februar (luty) *ist im Polnischen grammatisch gesehen ein Eigenschaftswort, daher die besondere Endung.*

Wochentage (dni tygodnia)

poniedziałek	ponjädshjauäk	Montag
wtorek	ftoräk	Dienstag
środa	schjroda	Mittwoch
czwartek	tschwartäk	Donnerstag
piątek	pjontäk	Freitag
sobota	ßobota	Samstag
niedziela	njädshjäla	Sonntag

Bei Zeitangaben steht **w** mit dem Akkusativ.

w poniedziałek	am Montag
we wtorek	am Dienstag
w środę	am Mittwoch
w czwartek	am Donnerstag
w piątek	am Freitag
w sobotę	am Samstag
w niedzielę	am Sonntag

Zeit (czas)

godzina	Stunde
godshjina	
minuta	Minute
minuta	
dzień (*Mz* **dni**)	Tag
dshjänj (dnji)	
tydzień (*Mz* **tygodnie**)	Woche
tydshjänj (tygodnjä)	
rok (*Mz* **lata**)	Jahr
rok (lata)	
rano	morgens
rano	
w południe	mittags
f pouudnjä	
po południu	nachmittags
po pouudnju	
wieczorem	abends
wjätschoräm	
nocą (w nocy)	nachts
notzo[ng] (w notzy)	
wczoraj	gestern
ftschoraj	
przedwczoraj	vorgestern
pschätftschoraj	
dzisiaj, **dziś**	heute
dshjischjaj, dshjischj	
jutro	morgen
jutro	
pojutrze	übermorgen
pojutshä	

dwa dni temu dwa dnji tämu	vor zwei Tagen
za pięć dni sa pjänjtschj dnji	in zwei Tagen
już jusch	schon
jeszcze (nie) jäschtschä (njä)	noch (nicht)
czasem tschaßäm	manchmal
zawsze sawschä	immer
natychmiast natychmjaßt	sofort
zaraz saraß	gleich
w porę f porä	rechtzeitig
za późno sa pushjno	zu spät
nagle naglä	plötzlich

© Artur Bogacki@Fotolia.com

Bus im Einsatz

©wiktor bubniak@Fotolia.com

Wanderpause in der Hohen Tatra

Wie die Polen sind

Wenn wir etwas vermitteln wollen, benutzen wir nicht nur Worte, sondern setzen auch **Gestik** und **Körpersprache** ein. Man kann zum Beispiel jemandem „einen Vogel" zeigen. Oder man kann durch ein Zeichen mit dem Daumen zu verstehen geben, dass alles in Ordnung ist. Mit dem Kopf nicken heißt „ja", den Kopf schütteln „nein".

Nur beim Trampen gibt es einen Unterschied: statt wie im Westen Europas mit dem Daumen zu hantieren, streckt man in Polen (wie im ganzen Osten Europas) gleich den ganzen Arm aus, praktisch wie ein Verkehrspolizist.

Ein deutlicher Unterschied zwischen Deutschen und Polen besteht aber im Bereich der Körpersprache. Natürlich sind Pauschalisierungen etwas gefährlich. Dennoch finde ich die Polen grundsätzlich offener und ungezwungener. Sie werden sehr viele freundliche, spontane Menschen kennen lernen. Das drückt sich auch in der Körpersprache aus. Es wird mehr gestikuliert, weniger mit der Hand vor dem Mund gesprochen bzw. mit übergeschlagenen Beinen gesessen (beides ein Zeichen von „Verschlossenheit").

Es wird sich viel häufiger umarmt und geküsst, beim Verabschieden, beim Willkommenheißen usw. Auch zwischen Männern und Frauen gibt es mehr solcher körperlicher Kontakte, was für Deutsche vielleicht zu Missständnissen führen kann. Im Grunde gehen die Männer mit den Frauen „charmanter" um, mit Handkuss, Türaufhalten, In-den-Mantel-Helfen usw. Peinliches Schweigen während und vor allem am Anfang eines Gesprächs ist selten.

Ich sollte auch den typischen Sinn der Polen für Humor erwähnen, der sehr eng damit zusammenhängt, dass die Dinge eher auf die leichte Schulter genommen werden. Die Ironie ist eine „Kunstform" in Polen – die Kurzgeschichten von Sławomir Mrożek sind ein gutes Beispiel dafür. Vieles geht eben nach dem Motto Jakoś to będzie – „Irgendwie wird es schon werden."

Liebesschlösser

Kirche in Polen

Von der Kirche in Irland abgesehen, hat die katholische Kirche Polens eine einzigartige Stellung in Europa. Seit der polnischen Staatsbildung gehören Nation und Religion zusammen: im Jahre 966 ließ sich Fürst Mieszko I. bekehren, und damit, wie damals üblich, auch sein Volk. Seitdem ist Polen ein Bollwerk des katholischen Christentums, z. B. gegen die Tataren, aber auch gegen die Türken. 1683 schlug Jan Sobieski die türkischen Armeen vor Wien und rettete dabei das christliche Abendland.

Während der Zeit des geteilten Polens wurden Kirche und Sprache zu den Pfeilern des Nationalgefühls (polskość). Aus diesem Grunde bekämpften die Nazis auch die Kirche in Polen. Mit anderen Worten: Die Kirche hat stets mit dem Volk zusammen gelitten. Das polnische Volk hat darum ein starkes Vertrauen in die Kirche, das auf Frömmigkeit und Respekt vor dieser urpolnischen Institution, aber auch auf politischen Widerstandsgedanken beruht.

In Polen sind die Kirchen nie so voll gewesen wie in der Gegenwart. Jährlich reisen 1,5 Millionen Pilger nach Częstochowa (Tschenstochau), wo sich im Paulinerkloster auf der Jasna Góra (dem Hellen Berg) das Altarbild der Matka Boska Częstochowska (Schwarze Muttergottes von Tschenstochau) befindet. Kirchliche Feiertage werden noch mit Überzeugung begangen. Manchmal sieht man von Dorfleuten gepflegte kleine, südländisch anmutende Straßenkapellen.

Während der Zeit des Sozialismus hat Karol Wojtyła als Papst Johannes Paul II. seine Heimat dreimal besucht. Viele denken, dass diese Besuche eine wesentliche Rolle beim endgültigen Sturz des damaligen Systems spielten. Wie dem auch sei, die katholische Kirche bleibt auch nach der Wende sehr einflussreich in Polen. Doch ganz so unangefochten ist ihre geistige Vormachtstellung nicht mehr. Mit der Entwicklung einer pluralistischen Gesellschaft und der vorschreitenden Verwestlichung des Lebensstils wächst auch die Kritik am katholischen Gedankengut. Man denke nur an die polemische Abtreibungsdebatte, die in Polen immer noch geführt wird. Gerade im Bereich der Sexualmoral rücken viele jüngere Polen deutlich von den überkommenen Einstellungen ab.

Ein Tipp für touristische Kirchenbesucher: in Polen sind die meisten Kirchen fast durchgängig zugänglich. Allerdings ist aufgrund der Diebstahlsgefahr oft außerhalb der Gottesdienstzeiten nur ein mit Gittern abgetrennter Vorraum geöffnet.

In Polen gibt es aber nicht ausschließlich katholische Kirchen. Man findet auch evangelische und orthodoxe Kirchen sowie Synagogen, in den tatarischen Siedlungen an der Ostgrenze sogar vereinzelte Moscheen.

© GU

Alter Grabstein in Marienburg (Malbork)

Bóg	Gott
buk	
kościół katolicki	katholische Kirche
koschjtschju katolitzki	
kościół protestancki	evangelische Kirche
koschjtschju protäßtantzki	
cerkiew	orthodoxe Kirche
tsärkjäf	
synagoga	Synagoge
ßynagoga	

	klasztor	Kloster
	klaschtor	
	przydrożna kapliczka	Straßenkapelle
	pschydroshna kaplitschka	
	ksiądz	Priester
	kschjontz	
	papież	Papst
	papjäsch	
wierzyć *glauben*	**wiara**	Glaube
	wjara	
	wierny	Gläubiger
	wjärny	
	msza	Messe
	mscha	
	nabożeństwo	Gottesdienst
	naboshänjßtwo	
modlić się *beten*	**modlitwa**	Gebet
	modlitfa	
	pielgrzymka	Wallfahrt
	pjälgshymka	
	ołtarz	Altar
	outasch	
	organy	Orgel
	organy	
	świeca	Kerze
	schjwjätza	
	święty	heilig; Sankt ...
	schjwjänty	
	chrzest	Taufe
	chschäßt	
	pogrzeb	Beerdigung
	pogshäp	

Anrede & Begrüßung

Wie Sie bereits wissen, ist die höfliche Anredeform im Polnischen anders als im Deutschen. In der Anrede sagt man anstelle des persönlichen Fürwortes „Sie" pan (Herr) bzw. pani (Frau, Dame). Auch im Deutschen ist diese Ausdrucksweise noch immer nicht ganz ausgestorben, z. B. beim Einkaufen: „Was wünschen der Herr / die Dame?".

Sonst ist der Usus im Polnischen relativ unproblematisch. Ty und wy entsprechen dem Deutschen „du" bzw. „ihr". Geduzt wird wie im Deutschen. Dabei können Sie sich also auf Ihr Gefühl verlassen.

Mit einem Smartphone können Sie sich die mit einem 🎧 gekennzeichneten Sätze dieses Kapitels anhören. Scannen Sie einfach den QR-Code mit Hilfe einer kostenlosen App (z. B. „Barcoo" oder „Scanlife").

Begrüßung

🎧 **Dzień dobry.**
dshjänj dobry
Tag guter
Guten Tag / Morgen.

🎧 **Jak się pan / pani ma?**
jak schjä pan / panji ma
wie sich Herr / Dame hat
Wie geht es Ihnen?

🎧 **Jak leci?**
jak lätschji
wie es-fliegt
Wie geht's?

🎧 **Bardzo dobrze, dziękuję.**
bardso dobshä dshjänkujä
sehr gut ich-danke
Sehr gut, danke.

🎧 **Dobry wieczór.**
dobry wjätschur
guter Abend
Guten Abend.

🎧 **Dobranoc.**
dobranotz
gute-Nacht
Gute Nacht.

Cześć!
tschäschjtschj
Ehre
Hallo! / Tschüss!

Do widzenia.
do widsänja
bis Sehens[Gen]
Auf Wiedersehen.

Man hört aber auch do zobaczenia. Dies stammt vom Verb zobaczyć (sehen) im vollendeten Aspekt (widzieć ist der unvollendete Aspekt). Der vollendete Aspekt legt hier nahe, dass ein Wiedersehen mit großer Wahrscheinlichkeit bald stattfinden wird. Man kann es also auch mit „bis demnächst" übersetzen. Es wirkt damit etwas vertraulicher als do widzenia.

© Fotografik@Fotolia.com

Pferdekutsche

Höflichkeiten

Proszę (bitte) heißt wörtlich „ich bitte", da es die 1. Person Einzahl von prosić (bitten) ist.

✏ Proszę pani, gdzie jest dworzec?
proschä panji gdshjä jäßt dwoshätz
ich-bitte Dame wo er-ist Bahnhof
Können Sie mir sagen, wo der Bahnhof ist?

✏ Proszę pana!
proschä pana
ich-bitte Herrn
Kommen Sie bitte herein!

✏ Przepraszam.
pschäprascham
ich-entschuldige-mich
Verzeihen Sie, bitte.

Czy może mi pan pokazać ...?
tschy moshä mi pan pokasatschj
ob er-kann mir Herr zeigen
Können Sie mir bitte zeigen ...?

✏ Czy może mi pan / pani powiedzieć gdzie jest muzeum?
tschy moshä mi pan / panji powjädschjätschj gdshjä jäßt musäum
ob kann mir Herr / Dame sagen wo es-ist Museum
Können Sie mir bitte sagen, wo das Museum ist?

✏ Czy można zapalić?
tschy moshna sapalitschj
ob man-darf rauchen
Darf man rauchen?

✏ Proszę bardzo.
proschä bardso
ich-bitte sehr
Bitte sehr.

Der Gebrauch der Fälle bei der angeredeten Person, die man um etwas bittet, ist ein wenig konfus. Bei Männern sagt man auf jeden Fall proszę pana, *bei mehreren Personen* proszę państwa. *Dies ist der Form nach ein Genitiv bzw. vielmehr die damit identische Akkusativ bei „Belebtem" („ich bitte den Herrn"). Wird eine Frau angeredet, herrscht selbst bei Muttersprachlern Verwirrung. Als korrekt gilt* proszę pani. *Dies ist entweder der Genitiv oder die Anredeform Vokativ (dazu später). Der Akkusativ* proszę panią *ist falsch, auch wenn man ihn hören kann. Korrekt ist aber* proszę panią o coś *(„um etwas bitten")!*

Verständigung

Falls es mit der Verständigung mal doch nicht so gut funktioniert:

Czy pan / pani mówi po niemiecku?
tschy pan / panji muwi po njämjätzku
ob Herr / Dame spricht auf Deutsch[Lok]
Sprechen Sie Deutsch?

Statt po niemiecku *können Sie auch die anderen Sprachen aus der Liste einsetzen.*

po angielsku	po angjälßku	Englisch
po francusku	po frantzußku	Französisch
po polsku	po polßku	Polnisch

Rozumiem.
rosumjäm
ich-verstehe
Ich verstehe.

Nie rozumiem.
njä rosumjäm
nicht ich-verstehe
Ich verstehe nicht.

Już wiem.
jusch wjäm
schon ich-weiß
Ich weiß schon.

Nic nie rozumiem.
njitz njä rosumjäm
nichts nicht ich-verstehe
Ich verstehe nichts.

Co to znaczy po niemiecku?
tzo to snatschy po njämjätzku
was das es-bedeutet auf Deutsch[Lok]
Was bedeutet das auf Deutsch?

Proszę mówić trochę wolniej.
proschä muwitschj trochä wolnjäj
ich-bitte sprechen etwas langsamer
Würden Sie bitte langsam sprechen?

Das erste Gespräch

Ein erstes Gespräch könnte etwa wie folgt dargestellt verlaufen.

🎵 To jest pani Byjoś.
to jäßt panji byjoschj
das sie-ist Frau Byjoś
Ich darf Ihnen Frau Byjoś vorstellen.

Mit einem Smartphone können Sie sich die mit einem 🎵 gekennzeichneten Sätze dieses Kapitels anhören.

To jest Anna.
to jäßt an-na
das sie-ist Anna
Das ist Anna.

🎵 Nazywam się Robert.
nasywam schjä robärt
ich-nenne mich Robert
Ich heiße Robert.

Jestem ...
jäßtäm
ich-bin
Ich bin ...

🎵 Miło mi.
miuo mi
lieb mir
Freut mich.

🎵 Czy jest pan / pani tu po raz pierwszy?
tschy jäßt pan / panji tu po raß pjärfschy
ob ist Herr / Dame hier auf Mal erster
Sind Sie zum ersten Mal hier?

🎵 Czy pan / pani jest tu sam / sama?
tschy pan / panji jäßt tu ßam / ßama
ob Herr / Dame ist hier allein(m/w)
Sind Sie alleine hier?

Das erste Gespräch

Austriak *Österreicher*	🎵 **Jestem tu z przyjaciółmi.**
	jäßtäm tu s pschyjatschjumi
Austriaczka *Österreicherin*	*ich-bin hier mit Freunden^Instr*
	Ich bin mit Freunden zusammen hier.
austriacki *österreichisch*	🎵 **Jestem tu z żoną /z mężem.**
Szwajcar *Schweizer*	jäßtäm tu s shono^ng / s mä^ngshäm
	ich-bin hier mit Ehefrau^Instr / mit Ehemann^Instr
Szwajcarka *Schweizerin*	Ich bin mit meiner Frau / meinem Mann hier.
szwajcarski *schweizerisch*	🎵 **Czy panu / pani się tu podoba?**
	tschy panu / panji schjä tu podoba
Amerykanin *Amerikaner*	*ob Herrn^Dat / Dame^Dat sich hier es-gefällt*
	Gefällt es Ihnen hier?
Amerykanka *Amerikanerin*	🎵 **Skąd pan / pani pochodzi?**
	ßkont pan / panji pochodshji
amerykański *amerikanisch*	*woher Herr / Dame er-kommt-her*
	Woher kommen Sie?
Anglik *Engländer*	🎵 **Jakie pan / pani ma obywatelstwo?**
	jakjä pan / panji ma obywatälßtfo
angielski *englisch*	*welche Herr / Dame hat Staatsbürgerschaft*
	Welche Staatsangehörigkeit haben Sie?
Francuz *Franzose*	🎵 **Jestem z Niemiec / ze Szwajcarii / z Austrii.**
	jäßtäm s njämjätz / sä schwaitsari / s außtri
Francuzka *Französin*	*ich-bin aus Deutschland^Gen / aus Schweiz^Gen / aus Österreich^Gen*
francuski *französisch*	Ich bin aus Deutschland / aus der Schweiz / aus Österreich.

©Mateusz Witkowski@Fotolia.com

Beschauliche Stimmung mit Ruderbooten

Die jeweils ungebeugten Ländernamen lauten Niemcy (Deutschland; grammatisch ein Mehrzahlwort), Szwajcaria und Austria.

Republika Federalna Niemiec (RFN)
räpublika fädäralna njämjätz (äräfän)
Bundesrepublik Deutschland

🎵 **Jesteśmy tu na urlopie.**
jäßtäschjmy tu na urlopjä
wir-sind hier auf Urlaub^{Lok}
Wir machen hier Urlaub.

Austria *(w)*
Österreich

Szwajcaria *(w)*
Schweiz

Ameryka
Amerika

Anglia *(w)*
England

Francja
Frankreich

Das erste Gespräch

🔊 **Gdzie pan / pani pracuje?**
gdshjä pan / panji pratzujä
wo Herr / Dame arbeitet
Wo arbeiten Sie?

Die Berufsangabe steht im Instrumental. Umgangssprachlich kann letzterer Satz auch bedeuten: „Was sind Sie von Beruf?"

🔊 **Jestem studentem / studentką.**
jäßtäm ßtudäntäm / ßtudäntkong
ich-bin Student/Studentin^{Instr}
Ich bin Student / Studentin.

Oder man ist z. B. eines von Folgendem:

... **nauczycielem**	... Lehrer
na-utschytschjäläm	
... **nauczycielką**	... Lehrerin
na-utschytschjälkong	
... **robotnikiem**	... Arbeiter
robotnjikjäm	
... **pracownikiem**	... Angestellter
pratzownjikjäm	
... **kierownikiem**	... Direktor, Leiter
kjärownjikjäm	
... **na bezrobociu**	... arbeitslos
na bäsrobotschju	

🔊 **Na razie.**
na rashjä
Bis später. / Bis dann.

🔊 **Do jutra.**
do jutra
Bis morgen.

---

adwokat
Anwalt

lekarz
Arzt

rolnik
Bauer

urzędnik
Beamter

rzemieślnik
Handwerker

inżynier
Ingenieur

dziennikarz
Journalist

kucharz
Koch

artysta
Künstler

sprzedawca
Verkäufer

sprzedawczyni
Verkäuferin

Floskeln & Redewendungen

Wie in jeder Sprache gibt es auch im Polnischen Floskeln, die man einfach kennen muss, weil man sie nicht einfach nur aus dem Deutschen übersetzen kann.

Floskeln

♪ **Tak!**	Ja!
tak	
♪ **Owszem!**	Jawohl! Freilich
ofschäm	
♪ **Rzeczywiście!**	Wirklich! / Tatsache!
shätschywischtschjä	
♪ **Dobrze! / Dobra!**	Gut! / Okay!
dobshä / dobra	
♪ **Naprawdę?**	Wirklich? (Ernsthaft?)
naprawdä	
♪ **Jeszcze raz!**	Noch einmal!
jäschtschä raß	
♪ **Szkoda!**	Wie schade!
schkoda	
♪ **Już wiem.**	Das weiß ich schon.
jusch wjäm	
♪ **Przepraszam.**	Entschuldigung.
pschäprascham	

Dabei wird tak (ja, jawohl) oft und gerne wiederholt.

Wierzę, że ...
Ich glaube, dass ...

Uważam, że ...
Ich meine, dass ...

Mam nadzieję, że ...
Ich hoffe, dass ...

zapewne
sicher, bestimmt

chętnie
gern

prawdopodobnie
wahrscheinlich

oczywiście
selbstverständlich

Proszę powiedzieć!
Sagen Sie!

Nie szkodzi!
Macht nichts!

Nie wierzę w to.
Das glaube ich nicht.

Tego nie chcę.
Ich möchte das nicht.

Ratunku!
Hilfe!

Mam stracha.
Ich habe Angst.

Ausrufe

Hier sehen wir nun Beispiele für den Vokativ, den Fall der Anrede, den ich in den Beugungstabellen der Hauptwörter unterschlagen habe.

Mój Boże! muj boschä	Mein Gott!
Człowieku! tschuowjäku	Mensch!
Boże drogi! boschä drogi	Meine Güte!
Pech! päch	Pech!
Ależ tak! aläsch tak	Ja doch!
Ależ nie! aläsch njä	Nicht doch!
Ach! ach	Ach!
Ach tak! ach tak	Ach so!
Aj! aj	O je! / Aua!
no, ... no	na / tja / also ...
Szkoda! schkoda	Schade!
Jazda! / Start! jasda / ßtart	Los, auf!
Świństwo! schjfinjßtfo	Schweinerei!
Nie! njä	Nein!

Das Wetter

Wie überall sorgt auch in Polen das Wetter zuverlässig für Gesprächsstoff:

🔊 **Jaka jest pogoda?**
jaka jäßt pogoda
welches es-ist Wetter
Wie ist das Wetter?

🔊 **Pada deszcz.**
pada deschtsch
es-fällt Regen
Es regnet.

🔊 **Jaki piękny dzień!**
jaki pjänkny dshjänj
welcher schöner Tag
Heute ist es sehr schön.

Słońce świeci.
ßuonjtzä schjfjätschji
Sonne sie-leuchtet
Die Sonne scheint

🔊 **Jaka okropna pogoda!**
jaka okropna pogoda
welches schreckliches Wetter
Was für ein schreckliches Wetter!

chmura	*Wolke*
pochmurnie	*bewölkt*
jasno	*klar*
mgła – mgliście	*Nebel – neblig*
słonecznie	*sonnig*
wiatr – wietrznie	*Wind – windig*
burza – burzliwie	*Sturm, Gewitter – stürmisch*
śnieg	*Schnee*
lód	*Eis*
stopień	*Grad (Temperatur)*

© Nightman1965@Fotolia.com

■ Seebrücke in Zoppot (Sopot)

Wohnen & Leben

wieś *(w)*
Dorf

miasto
Stadt

dzielnica
Stadtteil, Viertel

stolica
Hauptstadt

mieszkaniec
Einwohner

osiedle
Neubausiedlung

dom
Haus

państwo
Staat

obywatel
Staatsbürger

In Polen wurde im letzten Weltkrieg unheimlich viel zerstört, und es gab bis in unsere Zeit einen enormen Bedarf an Wohnungen. Die Mehrheit der städtischen Bevölkerung wohnt in durch Wohnungsbaugenossenschaften (spółdzielnie mieszkaniowe) errichteten Großsiedlungen aus Plattenbauten, in denen die Wohnverhältnisse beengt sind.

Es kommt noch dazu, dass Polen ziemlich früh heiraten und bis vor kurzem auch früh recht viele Kinder bekamen. Die Familienbande sind eng. So kommt es, dass junge Leute selbst nach der Hochzeit noch lange bei den Eltern wohnen bleiben, denn es kann Jahre dauern, eine eigene Wohnung zu bekommen. Bis dahin leben die Generationen unter einem Dach zusammen. Das kann natürlich zu Reibereien führen. Aber in dieser Gesellschaft wird praktisch niemand alleine gelassen.

In diesen „engen" Familienkreis werden Gäste meist spontan und freundlich aufgenommen. Es wird ihnen eine überwältigende Gastfreundschaft entgegengebracht.

Was Wohnungen angeht, war die Situation auf dem Land schon immer anders als in der Großstadt: Privateigentum wurde schon in Zeiten des Sozialismus großgeschrieben. Schon damals gab es sowohl Eigentumswohnungen als auch private Bauernhöfe neben den staatlichen „Landwirtschaftlichen Produktionsgenossenschaften" (spółdzielnie produkcyjne), die in Polen nie so wichtig waren wie in der ehemaligen DDR.

Die privaten Häuser, alte wie neue, sind oft sehr sauber und gepflegt. Seit der Wende herrscht ein Boom der Einfamilienhäuser.

Für die Neureichen gibt es mittlerweile extrem luxuriöse Wohnanlagen, z. T. mit Schlagbaum und Sicherheitsdienst.

©Pavel@Fotolia.com

■ Danzig, Frauengasse (ul. Mariacka)

Zu Gast sein

Die polnische Gastfreundschaft ist berühmt: Die Polen tun für den Gast alles. Es ist es in Polen nach wie vor Sitte, Gästen so oft und herzlich zu essen und trinken anzubieten, bis sich diese wirklich heftig dagegen wehren. Dann sagt man:

gość *(m)*
Gast

🔊 **Dziękuję, już nie dam rady.**
dshjänkujä jusch njä dam rady
ich-danke schon nicht ich-gebe Rat
Danke, ich kann nicht mehr.

gospodarz *(m)*
Gastgeber

gościnność *(w)*
Gastfreundschaft

🔊 **To jest pyszne.**
to jäßt pyschnä
das es-ist köstlich
Das ist köstlich.

🔊 **Zaraz pęknę.**
saraß pänknä
gleich ich-platze^vo
Ich platze gleich.

Już mi szumi w głowie.
jusch mi schumi w guowjä
schon mir es-rauscht in Kopf^Lok
Es steigt mir schon zu Kopf. *(Alkohol)*

rodzina
Familie

rodzice
Eltern

rodzeństwo
Geschwister

Verwandtschaft	
babka, **babcia** bapka, baptschja	Großmutter, Oma
dziadek dshjadäk	Großvater, Opa
małżeństwo maushänjßtfo	Ehepaar

żona shona	Ehefrau
mąż mo^{ng}sch	Ehemann
matka matka	Mutter
ojciec ojtschjätz	Vater
mamusia mamuschja	Mutti
tatuś tatuschj	Vati
dziewczynka dshjäftschynka	Mädchen (Kind)
dziewczyna dshjäftschyna	Mädchen (jugendlich)
chłopiec chuopjätz	Junge
siostra – brat schjoßtra – brat	Schwester – Bruder
wnuk – wnuczka wnuk – wnutschka	Enkel – Enkelin
ciotka, ciocia tschjotka, tschjotschja	Tante
wujek wujäk	Onkel
bratanek – bratanica bratanäk – bratanjitza	Neffe – Nichte (Kind des Bruders)
siostrzeniec – siostrzenica schjoßtschänjätz – schjoßtschänjitza	Neffe – Nichte (Kind der Schwester)

teść (m)
Schwiegervater

teściowa
Schwiegermutter

zięć (m)
Schwiegersohn

synowa
Schwiegertochter

szwagier, szwagierka
Schwager, Schwägerin

Namen

Polnische Namen bestehen aus Vorname (imię) und Familienname (nazwisko), z. B.: Roman Polański.

Typische Endungen für polnische Familiennamen sind -ski bzw. -cki, obwohl natürlich viele Polen Nachnamen haben, die nicht diesem Muster entsprechen. Die genannten Namen sind im Prinzip Eigenschaftswörter, daher wird bei weiblichen Personen das -i durch -a ersetzt, also z. B. Irena Polańska.

Bei der Anrede können polnische Namen in eine Sonderform, den Vokativ, gesetzt werden. Hier einige Beispiele, wie Namen im Vokativ gebeugt werden:

Der Gebrauch des Vokativs ist in der gesprochenen Sprache nicht obligatorisch, außer in feststehenden Wendungen.

Ewa	wird zu	**Ewo!**
Kasla	wird zu	**Kasiu!**
Krzysztof	wird zu	**Krzysztofie!**
Staszek	wird zu	**Staszku!**

człowiek (Mensch)   **Człowieku!** (Mensch!)

Weiterhin gibt es Kosenamen in Hülle und Fülle. Von den Taufnamen können gängige Kurzformen abgeleitet werden, die dann ihrerseits noch eine „individuelle" Koseform hinzubekommen.

Roman	wird zu	**Romek, Romeczek**
Barbara	wird zu	**Basia, Baśka**

Essen & Trinken

Den Kellner ruft man mit proszę pana, eine Kellnerin mit proszę pani.

Das Wort „Kellner" selbst heißt kelner, *aber als Anrede gilt es als unhöflich.*

Jestem głodny / głodna.
jäßtäm guodny / guodna
ich-bin hungrig(m/w)
Ich habe Hunger.

Chce się mi jeść.
chtzä schjä mi jäschjtschj
es-will mir sich essen
Ich habe Hunger.

Chce się mi pić.
chtzä schjä mi pitschj
es-will mir sich trinken
Ich habe Durst.

Na zdrowie!
na sdrowjä
auf Gesundheit
Prosit!

śniadanie	schjnjadanjä	Frühstück
obiad	objat	Mittagessen
kolacja	kolatzja	Abendessen
posiłek	poschjiuäk	Mahlzeit
przekąska	pschäkon̐ßka	Vorspeise
zupa	supa	Suppe
danie główne	danjä guuwnä	Hauptgericht
deser	däßär	Nachtisch
jadłospis	jaduoßpiß	Speisekarte
nóż	nusch	Messer
widelec	widälätz	Gabel
łyżka	uyschka	Löffel
łyżeczka	uyshätschka	Teelöffel
talerz	taläsch	Teller
szklanka	schklanka	Glas
filiżanka	filishanka	Tasse
kieliszek	kjälischäk	Glas f. Alkohol

napoje
Getränke

kawa
Kaffee

herbata
Tee

z mlekiem
mit Milch

z cukrem
mit Zucker

kakao
Kakao

sok
Saft

woda mineralna
Mineralwasser

piwo
Bier

wino
Wein

wódka
Wodka, Schnaps

przyprawa
Gewürz

sól (*w*)
Salz

pieprz
Pfeffer

cukier
Zucker

musztarda
Senf

chrzan
Meerrettich

majonez
Mayonnaise

czosnek
Knoblauch

ocet
Essig

olej
Öl

jajko sadzone
Spiegelei

jajecznica
Rührei

**jajko na miękko /
na twardo**
weiches / hartes Ei

🍷 **Proszę o jadłospis / rachunek.**
proschą o jaduoßpiß / rachunäk
ich-bitte um Speisekarte / Rechnung
Die Speisekarte / Rechnung, bitte.

🍷 **Reszta dla pana / pani.**   🍷 **Smacznego!**
räschta dla pana / panji   ßmatschnägo
Rest für Herrn^{Gen} / *Dame*^{Gen}   Guten Appetit!
Stimmt so!

chleb / bułka	chläp / buka	Brot / Brötchen
masło	maßuo	Butter
miód	mjut	Honig
dżem	dshäm	Marmelade
ser	ßär	Käse
kiełbasa	kjäubaßa	Wurst
szynka	schynka	Schinken
mleko	mläko	Milch
jajko	jajko	Ei
mięso	mjäⁿgßo	Fleisch
wieprzowina	wjäpschowina	Schweinefleisch
wołowina	wouowina	Rindfleisch
cielęcina	tschjälänjtschjina	Kalbfleisch
dróB	drup	Geflügel, Huhn
kurczak	kurtschak	Hähnchen
indyk	indyk	Pute
ryba	ryba	Fisch
ziemniaki (*Mz*)	shjämnjaki	Kartoffeln
frytki (*Mz*)	frytki	Pommes frites
ryż	rysch	Reis
kasza	kascha	Grütze
makaron (*Ez*)	makaron	Nudeln
sałatka	ßauatka	Salat

Gemüse

Gemüse heißt warzywa, wenn es sich um die frischen Lebensmittel handelt, z. B. beim Einkauf, und jarzyny als Speise, v. a. als Beilage. Beides sind Mehrzahlwörter.

sałata	ßauata	Salat
ogórek	oguräk	Gurke
pomidor	pomidor	Tomate
papryka	papryka	Paprika
cebula	tzäbula	Zwiebel
kapusta	kapußta	Kohl
por	por	Lauch, Porree
seler	ßälär	Sellerie
groch *(Ez)*	groch	Erbsen
fasola *(Ez)*	faßola	Bohnen
kukurydza	kukurydsa	Mais
grzyby *(Mz)*	gshyby	Pilze

Obst (owoce)

jabłko	japko	Apfel
gruszka	gruschka	Birne
czereśnia	tschäräschjnja	Süßkirsche
wiśnia	wischjnja	Sauerkirsche
śliwka	schjlifka	Pflaume
brzoskwinia	bshoskfinja	Pfirsich
winogrono	winogrono	Weintraube
pomarańcza	pomaranjtscha	Orange
cytryna	tsytryna	Zitrone
truskawka	trußkafka	Erdbeere
jagoda	jagoda	(wilde) Beere

ciasto
Kuchen

ciastka *(Mz)*
Kekse, Kleingebäck

tort
Torte

budyń *(m)*
Pudding

śmietana
Sahne

lody *(Mz)*
Speiseeis

orzechy *(Mz)*
Nüsse

czekolada
Schokolade

cukierek
Bonbon

pralinki *(Mz)*
Pralinen

In der polnischen Küche spielen Fleisch, Kohl, Sauerkraut, Kartoffeln, Pilze und Kutteln eine wichtige Rolle. Fisch, vor allem aus dem Süßwasser, ist geräuchert und gebraten überall zu bekommen und sehr zu empfehlen.

Die Küche zeigt Einflüsse aus Russland, Österreich, Tschechien und Deutschland, hat aber auch Ähnlichkeiten mit der skandinavischen.

Die Snacks an den Imbissständen haben internationale Bezeichnungen, Ausnahme: zapiekanka *(überbackenes halbes Baguette mit verschiedenen Belägen)*

polnische Nationalgerichte	
barszcz (czerwony)	Rote-Bete-Suppe
bigos	geschmortes Sauerkraut mit verschiedenen Wurst- und Fleischsorten sowie Pilzen
krupnik	Graupensuppe mit Fleisch und Gemüse
zupa ogórkowa	Suppe aus Fleisch, sauren Gurken, Gemüse und Sahne
zupa grzybowa	Pilzsuppe
chłodnik	kalte, erfrischende Suppe aus saurer Milch mit Gemüse
żurek	Suppe aus gesäuertem Mehl
kartoflanka	Kartoffelsuppe
kapuśniak	Sauerkrautsuppe
flaki	Kutteln in Brühe
gulasz	Gulasch
sznycel	Schnitzel
kotlet schabowy	Kotelett
kotlet mielony	Frikadelle
golonka	Eisbein
gołąbki	Kohlrouladen
fasolka po bretońsku	Bohnen in Tomatensoße
szaszłyk	Schaschlik
kiełbasa na gorąco	Brühwurst
pierogi	gefüllte Teigtaschen
pyzy	Hefeklöße
naleśniki	Eier- / Pfannekuchen

Einkaufen

Seit der Wende hat sich die Situation in Polen völlig verändert. Mittlerweile verkaufen westlich orientierte Läden mit teilweise grellen Fassaden alles, was man auch zu Hause finden kann. In den Großstädten gibt es Einkaufszentren, die sieben Tage die Woche rund um die Uhr geöffnet haben. Auch normale Supermärkte sind in Ermangelung einer Ladenschlussregelung bis spät in die Nacht geöffnet. Zugleich gibt es immer noch eine erstaunliche Vielzahl kleiner und kleinster Gemischtwarenläden auf dem Land und in der Vorstadt. Die typischen Kioske und „wilden" Bauernmärkte der Wendezeit sind mittlerweile seltener geworden.

Mit einem Smartphone können nen Sie sich die mit einem ♪ gekennzeichneten Wörter und Sätze dieses Kapitels anhören.

Ladenbezeichnungen

♪ **sklep**	skläp	Laden
♪ **supermarket**	ßupärmarkät	Supermarkt
♪ **piekarnia**	pjäkarnja	Bäckerei
♪ **cukiernia**	tzukjärnja	Konditorei
masarnia	maßarnja	Fleischerei
♪ **księgarnia**	kschjängarnja	Buchhandlung
♪ **dom towarowy**	dom towarowy	Kaufhaus
centrum handlowe	tzäntrum handlowä	Einkaufszentrum
♪ **nabiał**	nabjau	Milch und Eier
♪ **fryzjer**	frysjär	Friseur

♪ **szewc**
Schuster

obuwie
Schuhwerk

krawiec
Schneider

odzież *(w)*
Kleidung

zegarmistrz
Uhrmacher

♪ **pralnia**
Wäscherei

otwarte
geöffnet

zamknięte
geschlossen

czynne
in Betrieb
(Öffnungszeiten)

🖋 **remanent**
Inventur

🖋 **remont**
Renovierung

wyprzedaż
Ausverkauf

🖋 **Gdzie jest najbliższa księgarnia?**
gdshjä jäßt najblisch-scha kschjängarnja
wo sie-ist nächste Buchhandlung
Wo ist die nächste Buchhandlung?

Hier die höfliche Formulierung, wenn man
um Hilfe bitten möchte:

🖋 **Czy może mi pan / pani pomóc, proszę?**
tschy moshä mi pan / panji pomutz proschä
ob kann mir Herr / Dame helfen ich-bitte
Würden Sie mir bitte helfen?

🖋 **Słucham pana / pani!**
ßuucham pana / panji
ich-höre Herrn / Dame[Akk]
Ja, bitte?

🖋 **Czy jest mleko?**
tschy jäßt mläko
ob sie-ist Milch
Haben Sie Milch?

🖋 **Nie ma mleka.**
njä ma mläka
nicht es-hat Milch[Gen]
Es gibt keine Milch.

🖋 **Czy są jajka?**
tschy ßo[ng] jajka
ob sie-sind Eier
Haben Sie Eier?

🖋 **Gdzie można kupić chleb?**
gdshjä moshna kupitschj chläp
wo man-darf kaufen Brot
Wo kann ich Brot kaufen?

🖋 **Ile to kosztuje?**
ilä to koschtujä
wieviel das es-kostet
Wie viel kostet das?

🖋 **Ile płacę?**
ilä puuatzä
wieviel ich-zahle[unvo]
Was muss ich zahlen?

Wenn Sie den Preis nicht verstanden haben, bitten Sie darum, ihn aufzuschreiben.

In Polen mittlerweile weit verbreitet:

🕭 **Nie rozumiem, proszę mi to napisać.**
njä rosumjäm proschä mi to napißatschj
nicht ich-verstehe ich-bitte mir das aufschreiben[vo]
Ich verstehe nicht, schreiben Sie es bitte auf.

karta kredytowa
Kreditkarte

karta debetowa
EC-Karte

Mengenangaben

gram gram	Gramm
deko däko	10 Gramm
kilo(gram) kilo(gram)	Kilo
pół kilo pu kilo	halbes Kilo (Pfund)
litr litr	Liter
pół litra pu litra	halber Liter
sztuka schtuka	Stück
pół chleba pu chläba	halbes Brot
połowa pouowa	Hälfte
butelka butälka	Flasche
pudełko pudäuko	Schachtel

Nach Mengenangaben steht der Genitiv.

Einkaufen

Einkaufsliste
(Lebensmittel: siehe Kapitel „Essen & Trinken")

koszula
Hemd

sweter
Pullover

kurtka
Jacke

płaszcz
Mantel

spodnie *(Mz)*
Hose

sukienka
Kleid

skarpety *(Mz)*
Socken

rajstopy *(Mz)*
Strumpfhose

buty *(Mz)*
Schuhe

majtki *(Mz)*
Unterhose

biustonosz
Büstenhalter

parasol
Regenschirm

książka	kschjo^{ng}schka	Buch
słownik	ßuownjik	Wörterbuch
mapa	mapa	Landkarte
plan miasta	plan mjaßta	Stadtplan
gazeta	gaßäta	Zeitung
czasopismo	tschaßopißmo	Zeitschrift
ołówek	ouuwäk	Bleistift
długopis	duugopiß	Kugelschreiber
grzebień	gshäbjänj	Kamm
szczotka	schtschotka	Bürste
mydło	myduo	Seife
szampon	schampon	Shampoo
dezodorant	däsodorant	Deodorant
żyletki	shylätki	Rasierklingen
chusteczki do nosa		Taschentücher
papier toaletowy		Toilettenpapier
szczoteczka do zębów		Zahnbürste
pasta do zębów		Zahnpasta
podpaska	potpaßka	Damenbinde
prezerwatywa	präsärwatywa	Kondom
plaster	plaßtär	Heftpflaster
pieluszki	pjäluschki	Windeln
proszek do prania		Waschpulver
zabawka	sabafka	Spielzeug
bateria	batäria	Batterie
latarka	latarka	Taschenlampe
świeca	schjfjätsa	Kerze
klej	kläj	Klebstoff
zapałki	sapauki	Streichhölzer
zapalniczka	sapalnjitschka	Feuerzeug
papierosy	papjäroßy	Zigaretten
guzik	gushjik	Knopf
korkociąg	korkotschjonk	Korkenzieher
otwieracz do butelek		Flaschenöffner

Übernachten

Polen hat ein großes Angebot an Beherbergungsbetrieben in allen Preislagen. Neben den internationalen Hotels gibt es zahllose Privathotels, gerade in den Tourismusgebieten und entlang der Landstraßen. Achten Sie auch Schilder am Straßenrand wie pensjonat (Privatpension), pokoje (Zimmer) und noclegi (Übernachtungen). Die Jugendherberge heißt auf Polnisch schronisko młodzieżowe.

Mit einem Smartphone können Sie sich die mit einem 🎧 gekennzeichneten Sätze dieses Kapitels anhören.

hotel	hotäl	Hotel
bagaż	bagasch	Gepäck
klucz	klutsch	Schlüssel
piętro	pjäntro	Etage
łazienka	uashjänka	Badezimmer
prysznic	pryschnjitz	Dusche
łóżko	uuschko	Bett
pościel	poschjtschjäl	Bettwäsche
ręcznik	räntschnjik	Handtuch
światło	schjwjatuo	Licht

🎧 **Będziemy tylko jedną dobę.**
bändshjämy tylko jädno^{ng} dobä
wir-werden-sein nur eine^{Akk} 24-Stunden-Tag^{Akk}
Nur eine Übernachtung, bitte.

🎧 **Pokój nie podoba mi się.**
pokuj njä podoba mi schjä
Zimmer nicht es-gefällt mir sich
Das Zimmer gefällt mir nicht.

pokój jednoosobowy
Einzelzimmer

pokój dwuosobowy
Doppelzimmer

łóżeczko
Kinderbett

prześcieradło
Bettlaken

poduszka
Kissen

kołdra
Bettdecke

koc
Wolldecke

🎵 Kiedy jest śniadanie?

kjädy jäßt schjnjadanjä

wann es-ist Frühstück

Wann gibt es Frühstück?

Das Frühstück ist in Polen mittlerweile häufiger im Übernachtungspreis inbegriffen als früher, aber eben nicht immer und überall.

🎵 Proszę nas obudzić jutro rano o godzinie szóstej.

proschä naß obudshjitschj jutro rano o godshjinjä schußtäj

ich-bitte uns wecken morgen früh um Uhr[Lok] sechste[Lok]

Wecken Sie uns bitte morgen früh um sechs.

© McDanny@Fotolia.com

Polnische Töpferware

Wildes Campen ist verboten. Beachten Sie daher auch folgendes Hinweisschild:

Camping wzbroniony!
Camping verboten!

Unter Umständen kann man natürlich auch Einheimische fragen:

🔊 **Czy możemy tu rozbić namiot?**
tschy moshämy tu rosbitschj namjot
ob wir-können hier aufschlagen[vo] Zelt
Dürfen wir hier unser Zelt aufschlagen?

🔊 **Czy jest tu woda do picia?**
tschy jäßt tu woda do pitschja
ob ist hier Wasser zu Trinken
Gibt es hier Trinkwasser?

Einen offiziellen Campingplatz zu finden, sollte aber nicht allzu schwierig sein, denn es gibt mehr als 200 überall im Land, besonders an der Küste und den Seen. Sie verfügen alle über die in Mitteleuropa übliche Ausstattung. Auch ist die Ankunft zu jeder Uhrzeit möglich, weil sie rund um die Uhr geöffnet haben.

Möchte man eine Fahrradtour in Polen machen, so ist Camping genau das Richtige. Es gibt etliche Reiseveranstalter in Polen und im Ausland, die Radtouren, aber auch Kajaktouren, Bergwanderungen u. ä. organisieren.

kemping	*Camping(platz)*
namiot	*Zelt*
przyczepa kempingowa	*Wohnwagen*
samochód kempingowy	*Wohnmobil*
umywalnia	*Waschhaus*
kołek namiotowy	*Hering (Zelt)*
drążek	*Stange*
lina	*Seil, Leine*
śpiwór	*Schlafsack*
rower	*Fahrrad*
przejażdżka rowerowa	*Radtour*

Unterwegs

Zur allerersten Orientierung fragt man:

🔊 **Jak się dostać do miasta?**
jak schjä doßtatschj do mjaßta
wie sich bekommen zu Stadt[Gen]
Wie kommt man in die Stadt?

Mit einem Smartphone können Sie sich die mit einem 🔊 gekennzeichneten Sätze dieses Kapitels anhören.

🔊 **Jak daleko jest do Puław?**
jak daläko jäßt do puuaf
wie weit es-ist zu Puławy[Gen]
Wie weit ist es nach Puławy?

Richtungshinweise	
na lewo na läwo	nach links
na prawo na prawo	nach rechts
prosto proßto	geradeaus
daleko daläko	weit
blisko / niedaleko blißko / njädaläko	nah
z powrotem ß powrotäm	zurück
ulica ulitza	Straße *(in der Stadt)*
droga droga	Straße, Weg

in der Stadt

🔊 **To jest bardzo piękne.**
to jäßt bardso pjänknä
das es-ist sehr schön
Das ist sehr schön.

🔊 **Chcę się przejść po mieście.**
chtzä schjä pschäjtschjtschj po mjäschjtschjä
ich-will sich hindurchgehen durch Stadt^(Lok)
Ich will einen Stadtbummel machen.

🔊 **Czy jest zniżka dla studentów?**
tschz jäßt snjischka dla ßtudäntuf
ob es-ist Ermäßigung für Studenten^(Gen)
Gibt es eine Ermäßigung für Studenten?

Co warto zobaczyć:
Was sehenswert ist:

osobliwości	oßobliwoschjtschji	Sehenswürdig-keiten
stare miasto	ßtarä mjaßto	Altstadt
budynek	budynäk	Gebäude
muzeum	musäum	Museum
galeria sztuki	galäria schtuki	Kunstgalerie
wystawa	wyßtawa	Ausstellung
pomnik	pomnjik	Denkmal
zamek	samäk	Burg, Schloss
pałac	pauatz	Palast
ratusz	ratusch	Rathaus
kościół	koschjtschju	Kirche
katedra	katädra	Dom

rynek	rynäk	Marktplatz
targ	tark	(Wochen-)Markt
most	moßt	Brücke
park	park	Park
ogród	ogrut	Garten
cmentarz	tzmäntasch	Friedhof
grób	grup	Grab
ruiny	ru-iny	Ruine
wykopalisko	wykopalißko	Ausgrabung

🖐 **Czy można tu fotografować?**
tschy moshna tu fotografowatschj
ob man-darf hier fotografieren
Darf man hier fotografieren?

mit städtischen Verkehrsmitteln

Der öffentliche Nahverkehr mit Bus (autobus), O-Bus (trolejbus) und Straßenbahn (tramwaj) ist noch immer günstig, wenn auch teurer als in der Vergangenheit. Jechać na gapę (schwarzfahren) sollte man aber tunlichst vermeiden. Fahrkarten für Bus und Straßenbahnen löst man entweder am Automaten oder an einem der Ruch-Kioske.

przystanek autobusowy	Bushaltestelle
pschyßtanäk autobußowy	
przystanek tramwajowy	Straßenbahn-
pschyßtanäk tramwajowy	haltestelle
dworzec autobusowy	Busbahnhof
dwoshätz autobußowy	

Da das Überlandbusnetz gut ausgebaut ist, erreicht man mit dem Bus praktisch jeden Bestimmungsort.

kasa autobusów dalekobieżnych
kaßa autobußuf daläkobjäshnych
Fahrkartenschalter für Fernreisebusse

Proszę bilet do Lublina.
proschä bilät do lublina
ich-bitte Fahrkarte zu Lublin^{Gen}
Eine Fahrkarte nach Lublin, bitte.

Da man für diese Konstruktion den Ortsnamen im Genitiv beugen muss, hier noch einige wichtige Beispiele:

do Warszawy	nach Warschau
do Gdańska	nach Danzig
do Poznania	nach Posen
do Katowic	nach Kattowitz

mit der Eisenbahn

Es gibt in Polen drei Kategorien: den pociąg ekspresowy (D-Zug) und den pociąg pośpieszny (Schnellzug), beide mit einer 1. und einer 2. Klasse, sowie den pociąg osobowy (Bummelzug). Mit dem letztgenannten kann man durchaus erleben, dass Bäuerinnen samt Hühnern einsteigen.

Auch in Polen hat der Bahnverkehr gegenüber dem individuellen Autoverkehr an

Bedeutung verloren. Dennoch kann es zu Spitzenzeiten noch immer sinnvoll sein, eine Platzkarte (miejscówka) zu erwerben. Alle öffentlichen Verkehrsmittel sind für unsere Begriffe preiswert.

kolej	Eisenbahn, Bahn
koläj	
dworzec	Bahnhof
dwoshätz	
wejście	Eingang
wäjschjtschjä	
wyjście	Ausgang
wyjschjtschjä	
peron	Bahnsteig
päron	
tor	Gleis
tor	
rozkład jazdy	Fahrplan
roskuat jasdy	
przyjazd	Ankunft
pshyjast	
odjazd	Abfahrt
odjast	
punktualny	pünktlich
punktualny	
pociąg	Zug
potschjonk	
wagon sypialny	Schlafwagen
wagon ßypjalny	
wagon restauracyjny	Speisewagen
wagon räßtauratzyjny	

Achtung: „Eingang" und „Ausgang" sind sehr leicht zu verwechseln.

kasa biletowa	Fahrkartenschalter
kaßa bilätowa	
bilet	Fahrkarte
bilät	
bilet powrotny	Hin- u. Rückfahrkarte
bilät powrotny	
pierwszej klasy	erster Klasse
pjärfschäj klaßy	
drugiej klasy	zweiter Klasse
drugjäj klaßy	
miejscówka	Platzkarte
mjäjßtzufka	
przesiąść się	umsteigen
pschäschjo^{ng}schjtschj schjä	
Palenie wzbronione!	Rauchen verboten!
palänjä wsbronjonä	

🎵 **Proszę bilet do Zakopanego pierwszej klasy.**
proschä bilät do sakopanägo pjärfschäj klaßy
ich-bitte Fahrkarte zu Zakopane^{Gen}
erster^{Gen} *Klasse*^{Gen}
Eine Fahrkarte erster Klasse nach Zakopane,
bitte.

Der Ortsname Zakopane ist ein Eigenschaftswort und zeigt die entsprechenden Beugungsendungen.

🎵 **Czy ten pociąg zatrzymuje się w Krakowie?**
tschy tän potschjonk satschymujä schjä f krakowjä
ob dieser Zug er-hält-an sich in Krakau^{Lok}
Hält dieser Zug in Krakau?

🎵 **Pociąg jest opóźniony.**
potschjonk jäßt opushnjony
Zug er-ist verspätet
Der Zug hat Verspätung.

 **Unterwegs**

mit dem Auto

Seit Polen zur EU gehört, benötigt man für die Einreise mit dem Auto keine besonderen Dokumente mehr. Die neuen Autobahnen sind gebührenpflichtig.

Hinweisschilder

Wyjazd	Ausfahrt
Wjazd	Einfahrt
Objazd	Umleitung
Koniec	Ende
Piesi	Fußgänger
Uwaga budowa	Achtung Baustelle
Koleiny	Spurrillen
Kontrola radarowa	Radarkontrolle
Czarny punkt	Unfallschwerpunkt

Koniec steht unter einem Schild, wenn dessen Geltungsbereich endet.

Seit 2009 stehen in manchen Landesteilen an den Durchgangsstraßen in praktisch jeder Ortschaft fest installierte Radarfallen.

Tankstelle

stacja benzynowa	Tankstelle
statzja bänsynowa	
(za)tankować	tanken
(sa)tankowatschj	
benzyna / paliwo	Benzin / Kraftstoff
bänsyna / paliwo	
olej napędowy (diesel)	Diesel
oläj napändowy	
olej	Öl
oläj	
powietrze	Luft
powjätschä	

motocykl
Motorrad

🎵 **Proszę napełnić zbiornik.**
proschä napäunjitschj sbjornjik
ich-bitte füllen Tank
Bitte volltanken.

Do pełna.
do päuna
zu voll^{Gen}
Voll!

Panne / Unfall

wypadek	Unfall	prawo jazdy	
wypadäk		*Führerschein*	
awaria	Panne		
awarja			
pęknięta dętka	Reifenpanne		
pänknjänta däntka			
naprawić	reparieren	odciągnąć	
naprawitschj		*abschleppen*	
warsztat	Werkstatt		
warschtat			

🎵 **Samochód nie pali.**
ßamochut njä pali
Auto nicht es-zündet
Der Wagen springt nicht an.

🎵 **Popsuł mi się samochód.**
popßu mi schjä ßamochut
es-ging-kaputt mir sich Auto
Ich habe eine Autopanne.

🎵 **Przepraszam, czy mogę zadzwonić?**
pschäprascham tschy mogä sadswonjitschj
ich-entschuldige ob ich-kann klingeln
Verzeihung, darf ich Ihr Telefon benutzen?

dziwne odgłosy *merkwürdige Geräusche*	**silnik / motor** schjilnjik / motor	Motor
	rozrusznik rosruschnjik	Anlasser
	świeca zapłonowa schjwjätza sapuonowa	Zündkerze
nieszczelny *undicht*	**chłodnica** chuodnjitza	Kühler
	biegi *(Mz)* bjägi	Getriebe
	sprzęgło ßpschänguo	Kupplung
	hamulce *(Mz)* chamultzä	Bremsen
	hamulec ręczny chamulätz räntschny	Handbremse
	akumulator akumulator	Batterie
	wycieraczka wytschjäratschka	Scheibenwischer
światła *bedeutet auch* *„Ampel"*	**światła** *(Mz)* schjfjatua	Licht, Scheinwerfer
	światło stopu schjfjatuo ßtopu	Bremslicht
	kierunkowskaz kjärunkofskas	Blinker
	pas bezpieczeństwa paß bäspjätschänjstfa	Sicherheitsgurt
	oś oschj	Achse
	koło kouo	Rad

opona opona	Reifen
dętka däntka	Schlauch *(Reifen)*

per Anhalter

Polen ist traditionell ein sehr anhalterfreundliches Land; dies gilt besonders für die LKW-Fahrer. In der Vergangenheit war Trampen sehr weit verbreitet. Nicht nur junge Leute taten dies, sondern auch alte Bäuerinnen, die am Dorfrand Schlange standen, um eine Mitfahrgelegenheit zu bekommen. Allerdings ist es in Polen üblich, dass die Anhalter dem Fahrer einige Złoty für seine Mühe geben.

jechać autostopem jächatschj autoßtopäm *fahren Autostopp*[Instr]	trampen

🎵 **Dokąd pan / pani jedzie?**
dokont pan / panji jädshjä
wohin Herr / Dame fährt
Wohin fahren Sie?

🎵 **Proszę mnie tu wysadzić.**
proschä mnjä tu wyßadshjitschj
ich-bitte mich hier aussetzen
Setzen Sie mich bitte hier ab.

mit dem Flugzeug

samolot	ßamolot	Flugzeug
lotnisko	lotnjißko	Flughafen
lot	lot	Flug
przylot	pschylot	Ankunft
odlot	odlot	Abflug

lecieć
fliegen

© oxygen64@Fotolia.com

Polnischer Grenzpfahl

Kultur, Sport & Nachtleben

In Warschau und anderen großen Städten informieren verschiedene Veranstaltungsmagazine in polnischer, englischer und gelegentlich auch deutscher Sprache über die aktuellen Ereignisse und angesagten Lokalitäten. Sie bekommt man in Tourismusbüros, Hotels, aber auch an den allgegenwärtigen Kiosken mit der Aufschrift Ruch.

Wörtlich heißt ruch „Bewegung" oder „Verkehr". Die Bezeichnung entspricht somit der österreichischen „(Tabak-)Trafik".

Kultur		
sztuka	schtuka	Kunst
teatr	täatr	Theater
opera	opära	Oper
balet	balät	Ballett
koncert	kontzärt	Konzert

Freizeit und Sport		
wycieczka	wytschjätschka	Ausflug
wędrować	wändrowatschj	wandern
jeździć konno	jäshjdshjitschj kon-no	reiten
wędkować / łowić ryby	wäntkowatschj / uowitschj ryby	angeln
pływać	puywatschj	schwimmen
pływalnia	puywalnja	Schwimmbad
plaża	plasha	Strand
żeglować	shäglowatschj	segeln
surfingować	ßerfingowatschj	surfen

las
Wald

drzewo
Baum

pole
Feld

góry
Berge

rzeka
Fluss

jezioro
See

morze
Meer

grać w piłkę nożną **piłka nożna**	piuka noshna	Fußball
Fußball spielen **piłka ręczna**	piuka räntschna	Handball
koszykówka	koschykufka	Basketball
mecz piłki nożnej **siatkówka**	schjatkufka	Volleyball
Fußballspiel **tenis**	tänjiß	Tennis
deskorolka	däskorolka	Skateboard
narta **jeździć na nartach**		Ski laufen
Ski **jeździć na łyżwach**		eislaufen
jeździć na sankach		Schlitten fahren

ausgehen

Diese Lokale bieten im Prinzip keine Fleischgerichte an; man sollte sie aber dennoch nicht mit vegetarischen Restaurants verwechseln.

Der Gebrauch des Wortes bar kann in Polen ein bisschen verwirren. Unter bar mleczny und bar przekąskowy versteht man einfache und sehr billige Restaurants vom Typ einer Kantine, in denen alle möglichen Kleingerichte angeboten wird, zumeist mit Selbstbedienung. Typisch für die Zeit des Sozialismus, sind diese Billigrestaurants mittlerweile oft ziemlich heruntergekommen, vor allem was die Hygiene betrifft.

In den Touristenzentren und in den größeren Städten veranstalten große Restaurants regelmäßig Tanzabende. Vor allem in Warschau und Krakau kann man bei Jam-Sessions in Jazz-Clubs die moderne polnische Musik kennen lernen.

Jazz hat in Polen eine große Tradition.

Typisch sind aber auch die „Kinderdiscos" in den Jugendfreizeitzentren.

In manchen Städten, zumal in Krakau, findet man zahlreiche zauberhafte kawiarnie, Cafés mit Tanz, in denen praktisch alles Trinkbare und auch Essen angeboten wird.

In einer *winiarnia* gibt es hauptsächlich Wein, in einer *piwiarnia* hauptsächlich Bier, und in einer *knajpa* (Kneipe) alles Alkoholische gleichermaßen. Nachtklubs *(klub nocny)* sind meist den großen Hotels angeschlossen. Außerdem gibt es noch die *koktajl-bar*. Die hält aber nicht immer, was der Name verspricht. In den Überbleibseln der Vorwendezeit serviert man dort nämlich nur Soda oder Milchshakes (eben die so genannten *koktajle*), Eiscreme oder auch ein Stück Kuchen. Seit der Wende ist das Angebot an Lokalen natürlich ganz westlich und unüberschaubar geworden.

Getränke

piwo	piwo	Bier
białe wino	bjauä wino	Weißwein
czerwone wino		Rotwein
szampan	schampan	Sekt
miód pitny	mjut pitny	Met, Honigwein
winiak	winjak	Weinbrand
koniak	konjak	Cognac

Honigwein bzw. -likör kennt man auch unter der Bezeichnung krupnik *Dies kann aber auch „Graupensuppe" bedeuten!*

Wodka

Wódka ist das polnische Nationalgetränk. Es ist üblich, das ganze Glas auf einmal hinunterzukippen. Wodka wird oft eiskalt und nie verdünnt getrunken, obwohl man Mineralwasser *(woda mineralna)* dazu bestellen kann. Manchmal spült man auch mit einem Schluck Tee nach.

Polnischer Wodka existiert in vielen verschiedenen Sorten und Geschmacksrichtungen. Neben dem bekannten Klaren (czysta wódka) findet man so auch Kirschwodka (wiśniówka), Pfefferwodka (pieprzówka) und Wodka mit Steppengras (żubrówka).

Wichtig: Zum Wodka soll man essen. Es gilt als Unsitte, den Gästen Wodka ohne Essen anzubieten. Im Restaurant muss man zum Wodka zumindest eine kleine Vorspeise bestellen.

© fotonaj@Fotolia.com

Südpolnische Holzarchitektur

Bürokratisches

Seit Ende 2007 ist auch in Polen das Schengen-Abkommen in Kraft, und die Personenkontrollen an der Grenze zu Deutschland und anderen EU-Staaten wurden abgeschafft. Dies ist eine Reiseerleichterung, die angesichts der früheren Visapflicht und des damit verbundenen Papierkriegs geradezu unglaublich wirkt. Als Reisedokument ist der Personalausweis mitzuführen.

Nach den offiziellen Informationen des Auswärtigen Amtes besteht in Polen nach wie vor die Pflicht zur behördlichen Registrierung bei einem Aufenthalt von mehr als drei Tagen. In der Realität scheint diese Vorschrift aber niemand mehr zu interessieren.

urząd meldunkowy	Meldeamt
zameldować sę	sich anmelden
wymeldować się	sich abmelden
paszport	Reisepass
dowód osobisty	Personalausweis
formularz	Formular
podpis	Unterschrift
policja	Polizei
doniesienie	Anzeige
złożyć	einreichen *(Dokument)*

Bank, Post & Telefonieren

In den Banken sind heutzutage Fremdsprachenkenntnisse verbreitet; für Post- und Telefonämter gilt dies allerdings nicht im selben Maße. Fragen Sie auf alle Fälle erst nach, bevor Sie gleich mit einer Fremdsprache loslegen!

Geld können Sie nicht nur bei der Bank in Złoty wechseln, sondern auch in einer der sehr zahlreichen Wechselstuben. Dort ist es auch günstiger. Geldautomaten sind mittlerweile ebenso verbreitet wie im Westen.

bei der Bank

bank	bank	Bank
kantor	kantor	Wechselstube
bankomat	bankomat	Geldautomat
pieniądze *(Mz)*	pjänjondsä	Geld
banknot	banknot	Geldschein
moneta	monäta	Münze
drobne *(Mz)*	drobnä	Kleingeld
czek podróżny	tschäk podrushny	Reisescheck
karta kredytowa	karta krädytowa	Kreditkarte
wymienić	wymjänjitschj	wechseln
wypłacić	wypuatschjitschj	auszahlen
wpłacić	fpuatschjitschj	einzahlen
przekazać	pschekasatschj	überweisen
konto /	konto /	Konto
rachunek	rachunäk	

♪ Jaki jest kurs?
jaki jäßt kurß
was-für-einer er-ist Kurs
Wie ist der Kurs?

bei der Post

Die polnische Post (Poczta Polska) ist seit der Wende vom Telefonbetrieb getrennt. Briefkästen sind meist rot, aber auch grün (Stadtpost) sowie blau (Luftpost).

poczta potschta	Post	
poczta lotnicza potschta lotnjitscha	Luftpost	
list lißt	Brief	koperta *Briefumschlag*
polecony polätzony	Einschreiben *(Brief)*	
telegram tälägram	Telegramm	nadawca *Absender*
paczka patschka	Paket	
pocztówka potschtufka	Postkarte	adresat *Empfänger*
widokówka widokufka	Ansichtskarte	
znaczek snatschäk	Briefmarke	kod pocztowy *Postleitzahl*
wysłać wyßuatschj	schicken, senden	

Telefonieren

telefon
Telefon

telefonować
telefonieren

rozmowa
Telefonat, Gespräch

numer telefoniczny
Telefonnummer

numer kierunkowy
Vorwahlnummer

budka telefoniczna
Telefonzelle

karta telefoniczna
Telefonkarte

sieć stacjonarna
Festnetz

komórka
Handy

wybrać
wählen

naładować
aufladen

Auch in Sachen Telefonie hat sich in Polen in den vergangenen Jahren alles radikal verändert. Musste man sich früher in den allermeisten Fällen sein Gespräch vermitteln lassen, so verfügt Polen heutzutage über ein Festnetz nach westeuropäischem Standard. Daher sind auch die öffentlichen Telefonämter mit ihren Kabinen nicht mehr so wichtig wie einst. Die meisten Reisenden dürften aber ihr eigenes Mobiltelefon (telefon komórkowy) nach Polen mitbringen. Praktisch alle deutschen Mobilfunkanbieter haben Roaming-Verträge mit polnischen Telefongesellschaften. Die Netzabdeckung ist gut. Allerdings kommt man bei Überlandfahrten recht häufig in Funklöcher.

🎧 **Telefon jest popsuty.**
täläfon jäßt popßuty
Telefon ist kaputt
Das Telefon funktioniert nicht.

Kto mówi?
kto muwi
wer er-spricht
Wer ist da?

To ...
to
das ...
Hier ist ...

In den touristischen Zentren findet man nach kurzer Suche garantiert ein Internet-Café (kafejka internetowa) mit einer überwiegend jugendlichen Kundschaft. Hier dürfte man sich zumindest auf Englisch verständigen können.

Krank sein

Wenn Sie in einem Hotel krank werden, teilen Sie einfach an der Rezeption mit, dass Sie medizinische Betreuung benötigen. Falls Sie die Sache selbst in die Hand nehmen müssen, fragen Sie nach dem nächsten Ärztehaus (przychodnia) oder einer Arztpraxis (gabinet lekarski). Die Ärztehäuser stehen oft in der Tradition der Polikliniken aus sozialistischer Zeit. An der Qualität der Behandlung tut dies keinen Abbruch, und es gibt üblicherweise auch einen Zahnarzt unter demselben Dach. Bekannt geworden sind die zahlreichen kostengünstigen Spezialpraxen für Zahnersatz entlang der deutsch-polnischen Grenze.

🔊 **Proszę prędko wezwać lekarza / pogotowie.**
proschä präntko wäswatschj läkasha / pogotowjä
ich-bitte schnell herbeirufen Arzt / Krankenwagen
Rufen Sie bitte sofort einen Arzt / Krankenwagen.

Die Notruf-Telefonnummer in Polen ist 999 (Polizei: 997).

🔊 **Czy lekarz może przyjechać i zbadać mnie tutaj?**
tschy läkasch moshä pschyjächatschj i sbadatschj mnjä tutaj
ob Arzt er-kann kommen und untersuchen mich hier
Kann der Arzt herkommen und mich hier untersuchen?

Krank sein

beim Arzt

🔊 **Czuję się źle.**
tschują schją shjlä
ich-fühle sich schlecht
Ich fühle mich schlecht.

🔊 **Jestem chory / chora.**
jäßtäm chory / chora
ich-bin krank(m/w)
Ich bin krank.

🔊 **Boli mnie tutaj.**
boli mnją tutaj
es-schmerzt mich hier
Hier tut es weh.

🔊 **Wymiotowałem / -am.**
wymjotowauäm / -am
ich-erbrach(m/w)
Ich habe mich übergeben.

boleć	bolätschj	weh tun
chory	chory	krank
lekarz	läkasch	Arzt
laryngolog	laryngolok	HNO-Arzt
okulista	okulista	Augenarzt
pediatra	pädiatra	Kinderarzt
dentysta	däntyßta	Zahnarzt
godzina przyjęć	godshjina	Sprechstunde
	pschyjänjtschj	
szpital	schpital	Krankenhaus
karetka pogotowia		Krankenwagen
	karätka pogotowja	
kwit	kfit	Quittung

ząb
Zahn

ból zębów
Zahnschmerzen

proteza zębowa
Zahnersatz

korona
Krone

mostek
Brücke (Zahn)

plombować
plombieren

dziąsło
Zahnfleisch

beim Zahnarzt

🔊 **Boli mnie ząb.**
boli mnją somp
er-schmerzt mich Zahn
Ich habe Zahnschmerzen.

🔊 **Proszę o znieczulenie.**
proschä o snjätschulänjä
ich-bitte um Betäubung
Ich bitte um eine Betäubung.

🔊 **Proszę zaplombować, nie wyrywać.**
proschä saplombowatschj njä wyrywatschj
Bitte plombieren, nicht ziehen.

apteka	aptäka	Apotheke
recepta	rätzäpta	Rezept
lekarstwo	läkarßtwo	Arznei
zażywać	sashywatschj	einnehmen
ciśnienie krwi	tschjischjnjänjä krwi	
		Blutdruck
gorączka	gorontschka	Fieber
ból głowy	bul guowy	Kopfschmerzen
ból gardła	bul gardua	Halsschmerzen
ból brzucha	bul bshucha	Bauchschmerzen
biegunka	bjägunka	Durchfall
zatwardzenie	satfardsänjä	Verstopfung
kaszel	kaschäl	Husten
katar	katar	Schnupfen
przeziębienie	pschäshjämbjänjä	
		Erkältung
grypa	grypa	Grippe
zapalenie	sapalänjä	Entzündung
zatrucie	satrutschjä	Vergiftung
użądlenie	ushondlänjä	Stich *(Insekt)*
alergia	alärgia	Allergie
oparzenie słoneczne		Sonnenbrand
	opashänjä ßuonätschnä	

tabletka
Tablette

aspiryna
Aspirin

krople *(Mz)*
Tropfen

czopek
Zäpfchen

maść
Salbe

strzykawka
Spritze (Gerät)

zastrzyk
Spritze (Injektion)

plaster
Heftpflaster

termometr
Thermometer

**pigułka
antykoncepcyjna**
Antibabypille

Proszę zażywać lekarstwo przed każdym posiłkiem.

proschä sashywatschj läkarßtfo pschät kashdym poschjiukjäm

ich-bitte einnehmen Arznei vor jeder^Instr Mahlzeit^Instr

Bitte nehmen Sie die Medizin vor jeder Mahlzeit ein.

... po każdym posiłku
... po kashdym poschjiuku
... nach jeder Mahlzeit

... razy dziennie
... rasy dshjän-njä
...-mal täglich

do zewnętrznego zastosowania
do säwnäntschnägo saßtoßowanja
zur äußerlichen Anwendung

Körper (ciało)		
głowa	guowa	Kopf
mózg	musk	Gehirn
oko	oko	Auge
nos	noß	Nase
ucho	ucho	Ohr
usta *(Mz)*	ußta	Mund
warga	warga	Lippe
gardło	garduo	Hals
ręka	ränka	Hand, Arm
ramię	ramjä	Schulter, Arm
palec	palätz	Finger
plecy *(Mz)*	plätzy	Rücken
pierś	pjärschj	Brust
brzuch	bshuch	Bauch

serce	ßärtzä	Herz
żołądek	shouondäk	Magen
jelito	jälito	Darm
płuca *(Mz)*	puutza	Lunge
wątroba	wontroba	Leber
nerki *(Mz)*	närki	Nieren
noga	noga	Bein
stopa	ßtopa	Fuß
kość	koschjtschj	Knochen
żebro	shäbro	Rippe
skóra	ßkura	Haut
mięsień	mjä^{ng}schjänj	Muskel

krew
Blut

mocz
Urin

Toilette

Oft findet man an den Toilettentüren nur Symbole: ein Kreis steht für die Damentoilette, ein Dreieck für die Herrentoilette.

ubikacja
*Toilette
(förmlich)*

🔊 Dla Panów / Męski
dla panuf / mä^{ng}ßki
für Herren / männlich
Herren

🔊 Dla Pań / Damski
dla panj / damßki
für Damen / weiblich
Damen

spłuczka
Spülung

papier toaletowy
Toilettenpapier

🔊 Gdzie jest toaleta?
gdshjä jäßt toaläta
wo sie-ist Toilette
Wo ist die Toilette?

zajęte
besetzt

wolne
frei

zatkane
verstopft

Wörterliste Deutsch – Polnisch

©laurent dambies@Fotolia.com

Wilanów-Palast, Warschau

Verben im vollendeten Aspekt sind im deutschpolnischen Teil mit eckigen Klammern [] gekennzeichnet. Falls sich die entsprechende Form vom unvollendeten Aspekt nur durch eine Vorsilbe unterscheidet, steht nur diese in eckigen Klammern. Bei den Hauptwörtern wird das Geschlecht angegeben: „m" (männl.), „w" (weibl.) und „s" (sächl.). Eigenschaftswörter stehen nur in der männlichen Form. Umstandswörter sind mit „Adv" gekennzeichnet.

A

abbiegen skręcać [skręcić]
Abend wieczór (m)
Abendbrot kolacja (w)
aber ale, jednak
abfahren odjeżdżać [odjechać]
Abfahrt odjazd (m)
Abfall odpady (m Mz)
abhängen von zależeć od
Abstand odstęp (m)
achten (auf) uważać
Achtung uwaga (w)
Adresse adres (m)
ähnlich podobny
alle wszyscy, wszystkie
allein sam
alles wszystko
allgemein ogólny; powszechny
als (Vergleich) niż;
    (zeitlich) kiedy
alt stary
Alter (Lebens-) wiek (m)
Ameise mrówka (w)
Ampel światła (s Mz)
Amt urząd (m)
anbieten [za]oferować
Andenken pamiątka (w)
anderer inny
ändern (sich) zmieniać
    [zmienić] (się)
anders inaczej (Adv)
anerkennen uznawać [uznać]
Anfang początek (m)
anfangen zaczynać [zacząć]
Angel wędka (w)

Angelegenheit sprawa (w)
angenehm przyjemny
Angestellter pracownik (m)
Angst strach (m)
anhalten zatrzymywać
    [zatrzymać] (się)
anmelden [za]meldować
annehmen przyjmować
    [przyjąć]
anprobieren przymierzać
    [przymierzyć]
ansehen oglądać [obejrzeć]
Antwort odpowiedź (w)
antworten odpowiadać
    [odpowiedzieć]
Anwalt adwokat (m)
Anzeige doniesienie (s)
anziehen ubierać [ubrać] się
anzünden zapalać [zapalić]
Apfel jabłko (s)
Apfelsine pomarańcza (w)
Apotheke apteka (w)
Arbeit praca (w)
arbeiten pracować
Arbeiter robotnik (m)
ärgern, sich [roz]złościć się
arm biedny
Arm ręka (w), ramię (s)
Art: A. und Weise sposób (m)
Arzt lekarz (m)
Aschenbecher
    popielniczka (w)
Atem oddech (m)
auch także, też
Aufgabe zadanie (s)
aufhängen wieszać [powiesiь]
aufheben podnosić [podnieść]

aufhören [s]kończyć
aufstehen powstawać [powstać]
aufwachen [o]budzić się
Auge oko (s)
Augenblick chwila (w)
Ausfahrt wyjazd (m)
ausfüllen wypełniać [wypełnić]
Ausgang wyjście (s)
ausgeben wydawać [wydać]
Auskunft informacja (w)
Ausland zagranica (w)
Ausländer cudzoziemiec (m)
ausschalten wyłączać [wyłączyć]
außen zewnątrz
Aussprache wymowa (w)
aussteigen wysiadać [wysiąść]
ausverkauft wyprzedany
Ausweis dowód (m)
ausziehen rozbierać [rozebrać] się
Auto samochód (m)
Autobahn autostrada (w)

B

Baby niemowlę (s)
Bach strumień (m)
backen [u]piec
Bäckerei piekarnia (w)
baden [wy]kąpać się
Badezimmer łazienka (w)
Bahnhof dworzec (m)
Bahnsteig peron (m)
bald wkrótce
Ball piłka (w)
Banane banan (m)
Bank bank (m)

Bargeld gotówka (w)
Bart broda (w)
Bauch brzuch (m)
bauen [z]budować
Bauer rolnik (m)
Bauernhof gospodarstwo (s)
Baum drzewo (s)
Beamter urzędnik (m)
bedeuten znaczyć
Bedingung warunek (m)
beeilen, sich śpieszyć
beenden zakańczać [zakończyć]
Beere jagoda (w)
befinden, sich znajdować się
begegnen spotykać [spotkać]
begleiten towarzyszyć
begrüßen [po]witać
behandeln (Arzt) [wy]leczyć
beide oba, obie, obaj, oboje
Bein noga (w)
Beispiel przykład (m);
   zum B. na przykład
beißen [u]gryźć
bekannt znany
bekommen dostawać [dostać]
bemerken zauważać [zauważyć]
bemühen, sich trudzić się
benachrichtigen zawiadamiać [zawiadomić]
benutzen używać [użyć]
beobachten [po]obserwować
Berg góra (w)
Beruf zawód (m)
berühmt sławny, słynny
berühren dotykać [dotknąć]
beschäftigen, sich zajmować [zająć] się

beschreiben opisywać [opisać]
Beschwerde skarga (w)
beschweren, sich [po]skarżyć się
Besen miotła (w)
besetzt zajęty
besichtigen zwiedzać [zwiedzić]
besitzen posiadać
Besitzer właściciel (m)
besonders szczególnie
bestätigen potwierdzać [potwierdzić]
bestellen zamawiać [zamówić]
besuchen odwiedzać [odwiedzić]
beten [po]modlić się
Betrieb zakład (m)
betrunken pijany
Bett łóżko (s)
betteln żebrać
bevor zanim
bewegen ruszać [ruszyć]
Beweis dowód (m)
Beziehung związek (m)
Biene pszczoła (w)
Bier piwo (s)
Bild obraz (m)
billig tani
Birne gruszka (w);
   (Glüh-) żarówka (w)
bisschen: ein b. trochę
Bitte prośba (w)
bitten [po]prosić
bitter gorzki
Blatt (Pflanze) liść (m)
bleiben zostawać [zostać]
Bleistift ołówek (m)

blind ślepy
Blitz piorun (m)
Blume kwiat (m)
Blut krew (w)
Boot łódź (w)
Botschaft ambasada (w)
Brand pożar (m)
Brauch obyczaj (m)
brauchen potrzebować
brechen [z]łamać
breit szeroki
brennen [s]palić się
Brett deska (w)
Brief list (m)
Briefmarke znaczek (m)
Brille okulary (w Mz)
bringen przynosić [przynieść]
Brot chleb (m)
Brücke most (m)
Buch książka (w)
buchstabieren przeliterować
Burg zamek (m)
Bürgersteig chodnik (m)
Büro biuro (s)
Bürste szczotka (w)
Butter masło (s)

C / D

Café kawiarnia (w)
Computer komputer (m)
Dach dach (m)
damals wówczas
damit aby
Dampf para (w)
danach potem
danken [po]dziękować
dann wtedy, potem
dass że, żeby

dasselbe to samo
dauern trwać
Decke (Woll-) koc (m);
  (Zimmer-) sufit (m)
denken [po]myśleć
Denkmal pomnik (m)
deshalb dlatego
dick gruby
Dieb złodziej (m)
Diebstahl kradzież (w)
Dienst służba (w)
Ding rzecz (w)
Dolmetscher tłumacz (m)
Dorf wieś (w)
dort(hin) tam
Dose puszka (w)
Draht drut (m)
draußen na dworze
drehen obracać [obrócić]
dringend pilny, nagły
drücken naciskać [nacisnąć]
dumm głupi
dunkel ciemny
dünn cienki;
  (schlank) szczupły
Durst pragnienie (s)
durstig spragniony
Dusche prysznic (m)

E

Ebene równina (w)
echt prawdziwy
Ecke róg (m)
egal wszystko jedno
Ehe małżeństwo (s)
ehrlich uczciwy
Ei jajko (s)
Eigentum własność (w)

Eimer wiadro (s)
Eindruck wrażenie (s)
einfach (zu tun) prosty, łatwy
Einfahrt wjazd (m)
Eingang wejście (s)
eingießen wlewać [wlać]
einige kilku, kilka; niektóre
Einkauf zakupy (m Mz)
einladen zapraszać [zaprosić]
Einladung zaproszenie (s)
einschalten włączać [włączyć]
einschlafen zasypiać [zasnąć]
einsteigen wsiadać [wsiąść]
eintreten wstępować [wstąpić]
einverstanden: e. sein
  zgadzać [zgodzić] się
einzeln osobny
einzig jedyny
Eis lód (m);
  (Speise-) lody (m Mz)
Eisen żelazo (s)
Eisenbahn kolej (w)
Eltern rodzice (m Mz)
empfehlen polecać [polecić]
Ende koniec (m)
endlich nareszcie
eng wąski
Ente kaczka (w)
Entfernung odległość (w)
entscheiden [z]decydować
entschuldigen, sich
  przepraszać [przeprosić]
entwickeln (Film)
  wywoływać [wywołać]
Erde ziemia;
  (Erdboden) gleba (w)
Ergebnis wynik (m)
erholen, sich wypoczywać
  [wypocząć]

Wörterliste Deutsch – Polnisch A-Z

erinnern, sich przypominać [przypomnieć] sobie
Erinnerung pamięć (w)
erklären wyjaśniać [wyjaśnić]
erlauben pozwalać [pozwolić]
erledigen załatwiać [załatwić]
Ermäßigung zniżka (w)
erschaffen stwarzać [stworzyć]
erschrecken przestraszać [przestraszyć] (się)
erst dopiero
Erwachsener dorosły (m)
erzählen opowiadać [opowiedzić]
essen [z]jeść
Essig ocet (m)
Etage piętro (s)
etwas coś

F

Fabrik fabryka (w)
Faden nić (w)
Fahne chorągiew (w)
Fahrbahn jezdnia (w)
fahren jedździć; [po]jechać
Fahrer kierowca (m)
Fahrkarte bilet (m)
Fahrrad rower (m)
Fahrzeug pojazd (m)
fallen spadać [spaść]
falsch błędny, fałszywy
Familie rodzina (w)
fangen [z]łapać
Farbe barwa (w)
fast prawie
faul (träge) leniwy; **(verfault)** zgniły
Feder pióro (s)

fehlen brakować
Fehler błąd (m)
Feier (Party) impreza (w), zabawa (w)
feiern świętować
Feiertag święto (s)
feilschen [po]targować się
Feld pole (s)
Fenster okno (s)
Ferien wakacje (w Mz)
fern daleki
Fernseher telewizor (m)
fertig gotowy
fett tłusty
Feuer ogień (m)
Feuerwehr straż pożarna (w)
finden znajdować [znaleźć]
Finger palec (m)
Fisch ryba (w)
Flasche butelka (w)
Fleisch mięso (s)
fleißig pracowity
Fliege mucha (w)
fliegen latać; [po]lecieć
Flughafen lotnisko (s)
Flugzeug samolot (m)
Fluss rzeka (w)
flüssig płynny, ciekły
flüstern szeptać [szepnąć]
Foto zdjęcie (s)
fotografieren [s]fotografować
Frage pytanie (s)
fragen [za]pytać
Frau kobieta (w); **(Ehe-)** żona (w)
frei wolny
Freiheit wolność (w)
fremd obcy
Freude radość (w)

freuen, sich cieszyć się
Freund przyjaciel (m)
Freundin przyjaciółka (w)
freundlich uprzejmy, miły
Friede pokój (m)
frisch świeży
fröhlich wesoły
Frost mróz (m)
Frucht owoc (m)
früh wczesny
Frühstück śniadanie (s)
fühlen (sich) [po]czuć (się)
führen [za]prowadzić
Führerschein prawo jazdy (s)
füllen napełniać [napełnić]
funktionieren działać
furchtbar okropny, straszny
fürchten, sich bać się
Fuß stopa (w); **zu F.** pieszo (Adv)
Fußgänger pieszy (m)
füttern [na]karmić

G

Gabel widelec (m)
Gans gęś (w)
ganz cały
Garten ogród (m)
Gast gość (m)
Gaststätte gospoda (w)
Gebäude budynek (m)
geben dawać [dać]
Gebiet obszar (m)
Gebirge góry (w Mz)
geboren werden [u]rodzić się
Gebühr opłata (w)
Geburtstag urodziny (w Mz)
Gedanke myśl (w)

Geduld cierpliwość (w)
gefährlich niebezpieczny
gefallen podobać się
Gefängnis więzienie (s)
Geflügel drób (m)
Gefühl czucie (s)
Gegend okolica (w)
Gegenstand przedmiot (m)
Gegenteil przeciwieństwo (s)
geheim tajny
gehen chodzić; iść [pójść]
gehören (zu) należeć (do)
geizig skąpy
Geld pieniądze (m Mz)
Geldbörse portmonetka (w)
Geldschein banknot (m)
Gelegenheit sposobność (w)
gelingen udawać [udać] się
Gemüse warzywo (s)
genau dokładnie (Adv)
genug dość, dosyć
genügen wystarczać
  [wystarczyć]
geöffnet otwarty
Gepäck bagaż (m)
gerade (soeben) właśnie;
  (nicht krumm) prosty
geradeaus prosto
Gerät sprzęt (m)
Geräusch odgłos (m)
gerecht sprawiedliwy
Gericht (Justiz) sąd (m);
  (Speise) potrawa (w)
gern chętnie
Geruch zapach (m)
Geschäft (Laden) sklep (m)
geschehen wydarzać
  [wydarzyć] się; stać się
Geschenk prezent (m)

Geschichte opowieść (w);
  (histor.) historia (w)
geschieden rozwiedziony
geschlossen zamknięty
Geschmack smak (m)
Geschwindigkeit prędkość (w)
Gesellschaft towarzystwo (s)
Gesetz ustawa (w)
Gesicht twarz (w)
Gespräch rozmowa (w)
gestern wczoraj
gesund zdrowy
Gesundheit zdrowie (s)
Getränk napój (m)
Getreide zboże (s)
Gewicht ciężar (m), waga (w)
gewinnen wygrywać [wygrać]
Gewitter burza (w)
gewöhnen, sich przyzwyczajać
  [przyzwyczaić] się
Gift trucizna (w)
Gipfel szczyt (m)
Glas (Material) szkło (s);
  (Trink-) szklanka (w);
  (für Alkohol) kieliszek (m)
glauben [u]wierzyć w
gleich równy, taki sam
Glocke dzwon (m)
Glück szczęście (s)
glücklich szczęśliwy; radosny
Gold złoto (s)
Gott Bóg (m)
Grad stopień (m)
Gras trawa (w)
Grenze granica (w)
groß duży; wielki
Größe (Kleid.) rozmiar (m)
Grund przyczyna (w)
Gruppe grupa (w)

Gruß pozdrowienie (s)
grüßen pozdrawiać
  [pozdrowić]
gültig ważny
Gummi guma (w)
Gürtel pasek (m)
gut dobry; dobrze (Adv)

H

Haar włosy (m Mz)
Hafen port (m)
Hagel grad (m)
Hahn kogut (m);
  (Wasser-) kran (m)
halb pół
Hälfte połowa (w)
Hals szyja (w); gardło (s)
halten trzymać
Haltestelle przystanek (m)
Hammer młotek (m)
Hand ręka (w)
Handel handel (m)
Handtuch ręcznik (m)
Handwerk rzemiosło (s)
hängen wiesieć
hart twardy
hassen [z]nienawidzić
hässlich brzydki
Hauptstadt stolica (w)
Haus dom (m)
Haut skóra (w)
Heft zeszyt (m)
heilig święty
heiraten poślubiać [poślubić]
heiß gorący
heißen nazywać [nazwać] się
helfen pomagać [pomóc]
hell jasny

Hemd (Ober-) koszula (w);
  (Unter-) podkoszulek (m)
herstellen [wy]produkować
Herz serce (s)
heute dziś, dzisiaj
hier(her) tu, tutaj;
  von h. stąd
Hilfe pomoc (w)
Himmel niebo (s)
hinauf w górę
hinausgehen wychodzić
  [wyjść]
hineingehen wchodzić [wejść]
hinlegen, sich kłaść
  [położyć] się
hinten z tyłu
hinunter w dół
hoch wysoki
Hochzeit wesele (s)
Hoffnung nadzieja (w)
Höhle jaskinia (w)
Holz drewno (s), drewno (s)
Honig miód (m)
hören [u]słyszeć;
  (zu-) [po]słuchać
Hose spodnie (w Mz)
hübsch ładny
Huhn kura (w)
Hund pies (m)
Hunger głód (m)
hungrig głodny
Hut kapelusz (m)
Hütte (Berg) schronisko (s)

I

immer zawsze
impfen [za]szczepić
Industrie przemysł (m)

Inhalt zawartość (w)
innen wewnątrz, w środku
Insel wyspa (w)
interessant interesujący
interessieren, sich
  [za]interesować się
international międzynarodowy
irgendwo gdzieś
irren, sich [po]mylić się
Irrtum pomyłka (w)

J

Jacke kurtka (w)
jagen [za]polować
Jahr rok (m); lata (s Mz)
Jahreszeit pora roku (w)
Jahrhundert wiek (m)
jeder każdy
jemand ktoś
jetzt teraz
jucken [za]swędzić
Jugend młodzież (w)
jung młody
Junge chłopiec (m)

K

Käfer chrząszcz (m)
Kaffee kawa (w)
Kalb cielę (s)
kalt zimny
Kamm grzebień (m)
kämmen, sich [u]czesać się
kämpfen walczyć
Kanne dzban (m), dzbanek (m)
kaputt zepsuty
Karte (Land-) mapa (w);
  (Post-) pocztówka (w)

Kartoffel ziemniak (m)
Käse ser (m)
Kasse kasa (w)
Kassenbon paragon (m)
Kathedrale katedra (w)
Katze kot (m)
kauen [z]żuć
kaufen kupować [kupić]
keiner żaden
Keller piwnica (w)
Kellner kelner (m)
kennen znać;
  k. lernen poznawać
  [poznać]
Kerze świeca (w)
Kind dziecko (s); dzieci (m Mz)
Kindergarten przedszkole (s)
Kino kino (s)
Kirche kościół (m)
Kiste skrzynka (w)
kleben [s]kleić (się)
Kleid sukienka (w)
Kleidung ubranie (s),
  odzież (w)
klein mały
klettern wspinać [wspiąć] się
Klingel dzwonek (m)
klopfen [za]pukać
klug mądry
Knie kolano (s)
Knoblauch czosnek (m)
Knochen kość (w)
Knopf guzik (m)
Koch kucharz (m)
kochen (Essen) [u]gotować;
  (sieden) [za]gotować się
kochend wrzący
Koffer walizka (w)
Kohle węgiel (m)

Kollege kolega (m)
kommen przychodzić [przyjść];
   (gefahren) przyjeżdżać
   [przyjechać]
Konditorei cukiernia (w)
König król (m)
Kopf głowa (w)
Korb koszyk (m)
Körper ciało (s)
kosten [za]kosztować
kostenlos bezpłatny
Kraft siła (w)
krank chory
Krankenhaus szpital (m)
Krankheit choroba (w)
Kreis koło (s)
Kreuz krzyż (m)
Kreuzung skrzyżowanie (s)
Krieg wojna (w)
krumm krzywy
Küche kuchnia (w)
Kuchen ciasto (s)
Kuh krowa (w)
kühl chłodny
Kühlschrank lodówka (w)
Kunde klient (m)
Kunst sztuka (w)
Kurve zakręt (m)
kurz krótki
Kuss pocałunek (m)
küssen [po]całować
Küste brzeg (m), wybrzeże (s)

L

lachen [za]śmiać się
Lamm jagnię (s)
Lampe lampa (w)
Land kraj (m)

lang długi
langsam powolny, wolny
langweilig nudny
Lärm hałas (m)
lassen zostawiać [zostawić];
   (los-) puszczać [puścić]
Lastwagen ciężarówka (w)
laufen biegać
laut głośny
leben żyć
Leben życie (s)
Lebensmittel artykuły
   spożywcze (m Mz)
lecker pyszny, smaczny
Leder skóra (w)
ledig wolny
leer pusty
legen kłaść [położyć]
leicht (Gewicht) lekki
leiden cierpieć
leider niestety
leihen pożyczać [pożyczyć]
leise cichy
lernen [na]uczyć się
lesen [prze]czytać
letzter ostatni
Leute ludzie (m Mz)
Licht światło (s)
Liebe miłość (w)
lieben kochać; lubić
Lied piosenka (w)
liefern dostarczać [dostarczyć]
liegen leżeć
links na lewo
Lippe warga (w)
Loch dziura (w)
Löffel łyżka (w)
Lohn wynagrodzenie (s)
Luft powietrze (s)

lügen [s]kłamać
Lust ochota (w)

M

machen [z]robić
Mädchen dziewczyna (w);
   (Kind) dziewczynka (w)
mahlen [ze]mleć
Mal raz
malen [na]malować
manchmal czasem
Mann mężczyzna (m);
   (Ehe-) mąż (m)
Mantel płaszcz (m)
Markt targ (m)
Mauer mur (m)
Maus mysz (w)
Meer morze (s)
Mehl mąka (w)
meinen sądzić
meistens przeważnie
Menge ilość (w)
Mensch człowiek (m)
merken, sich zapamiętywać
   [zapamiętać]
merkwürdig dziwny, osobliwy
messen [z]mierzyć
Messer nóż (m)
Miete czynsz (m)
mieten wynajmować [wynająć]
Milch mleko (s)
mild łagodny
mindestens przynajmniej
mischen [z]mieszać
Missverständnis
   nieporozumienie (s)
Mittag południe (s)
Mittagessen obiad (m)

Mitte środek (m)
Möbel meble (m Mz)
Mobiltelefon telefon komórkowy (m)
modern modny, nowoczesny
möglich możliwy
Monat miesiąc (m)
Mond księżyc (m)
morgen jutro
Motor motor (m), silnik (m)
Motorrad motocykl (m)
Mücke komar (m)
müde zmęczony
Mühle młyn (m)
Mülleimer wiadro na śmieci (s)
Mund usta (s Mz)
Münze moneta (w)
Musik muzyka (w)
Mütze czapka (w)

N

Nachbar sąsiad (m)
Nachricht wiadomość (w)
nächster następny; najbliższy
Nacht noc (w)
nackt nagi
Nadel igła (w)
Nagel gwóźdź (m);
  (Finger-) paznokieć (m)
nah bliski
nähen [u]szyć
Name imię (s);
  (Nach-) nazwisko (s)
Nase nos (m)
nass mokry
Natur przyroda (w)
natürlich naturalny;
  oczywiście (Adv.)

Nebel mgła (w)
nehmen brać [wziąć]
nennen nazywać [nazwać]
Nest gniazdo (s)
nett miły
Netz sieć (w)
neu nowy
neugierig ciekawy
nichts nic
nie nigdy
niedrig niski
niemand nikt
nirgends nigdzie
noch jeszcze
Norden północ (w)
normal normalny
notwendig konieczny
Nudeln makaron (m)
Nummer numer (m)
nur tylko
Nuss orzech (m)
nützlich pożyteczny

O

ob czy
oben na górze
Oberleitungsbus trolejbus (m)
Obst owoce (m Mz)
oder albo, lub
Ofen piec (m)
öffnen otwierać [otworzyć]
oft często
Ohr ucho (s)
Öl olej (m)
Olive oliwka (w)
Operation operacja (w)
Opfer ofiara (w)
Ordnung porządek (m)

organisieren [z]organizować
Ort miejsce (s)
Osten wschód (m)

P

Paar para (w)
packen [s]pakować
Paket paczka (w)
Palast pałac (m)
Panne awaria (w)
Papier papier (m)
Park park (m)
parken [za]parkować
Parkplatz parking (m)
Pass (Reise-) paszport (m);
  (Straße) przełęcz (w)
Passagier pasażer (m)
passen pasować
Pause przerwa (w)
Pelz futro (s)
Person osoba (w)
Pfarrer ksiądz (m)
Pfeffer pieprz (m)
Pferd koń (m)
Pflanze roślina (w)
Pflege opieka (w)
Pflicht obowiązek (m)
Pilz grzyb (m)
Platz (Stadt) plac (m)
plötzlich nagle (Adv.)
Politik polityka (w)
Polizei policja (w)
Polizist policjant (m)
Post poczta (w)
Preis cena (w)
privat prywatny
probieren [s]próbować
Problem problem (m)

Punkt kropka (w)
pünktlich punktualny
putzen [wy]czyścić

Q / R

Qualität jakość (w)
Quelle źródło (s)
quer w poprzek
Quittung kwit (m)
Rad koło (s)
Radio radio (s)
rasieren, sich [o]golić się
rasten odpoczywać [odpocząć]
raten (Ratschlag) [po]radzić
Rathaus ratusz (m)
Rauch dym (m)
rauchen palić
rechnen [po]liczyć
Rechnung rachunek (m)
Recht prawo (s);
  R. haben mieć rację
rechts na prawo
reden mówić, [po]rozmawiać
Regen deszcz (m)
Regierung rząd (m)
reich bogaty
reif dojrzały
Reis ryż (m)
Reise podróż (w)
reisen podróżować
reiten jeździć konno;
  [po]jechać konno
Religion religia (w)
Rentner emeryt (m)
Reparatur naprawa (w)
reparieren naprawiać
  [naprawić]
Rest reszta (w)

Restaurant restauracja (w)
retten [u]ratować
richtig poprawny, właściwy;
  prawidłowo (Adv.)
Richtung kierunek (m)
riechen pachnieć
Ring pierścionek (m)
Rock spódnica (w)
roh surowy
Roman powieść (w)
Rose róża (w)
Rücken plecy (m Mz)
Rucksack plecak (m)
rückwärts tyłem
rufen [za]wołać
Ruhe spokój (m), cisza (w)
ruhig spokojny
rund okrągły

S

Saft sok (m)
sagen mówić [powiedzieć]
Salat (Zubereit.) sałatka (w)
Salbe maść (w)
Salz sól (w)
sammeln zbierać [zebrać]
Sand piasek (m)
satt syty
Satz zdanie (s)
sauber czysty
sauer kwaśny
schaden [za]szkodzić
Schaden szkoda (w)
Schaf owca (w)
Schalter (elektr.) włącznik (m)
schämen, sich wstydzić się
scharf ostry
Schatten cień (m)

Schaum piana (w)
scheinen zdawać się;
  (Sonne) [za]świecić
schenken darować
Schere nożyce (w Mz)
Scherz żart (m)
schicken wysyłać [wysłać]
schieben pchać [pchnąć]
schießen strzelać [strzelić]
Schiff statek (m)
Schirm parasol (m)
Schlaf sen (m)
schlafen [po]spać
schlagen [z]bić
Schlange wąż (m);
  (Warte-) kolejka (w)
schlecht zły; źle (Adv.)
schließen zamykać [zamknąć]
Schloss zamek (m)
Schlüssel klucz (m)
schmecken smakować
Schmerz ból (m)
Schmetterling motyl (m)
Schmuck biżuteria (w)
schmutzig brudny
Schnee śnieg (m)
schneiden [po]kroić
schnell szybki
Schokolade czekolada (w)
schon już
schön piękny
Schrank szafa (w)
Schraube śruba (w)
schreiben [na]pisać
schreien krzyczeć [krzyknąć]
Schritt krok (m)
Schuh but (m)
Schuld wina (w)
schulden być dłużnym

Schule szkoła (w)
Schüler uczeń (m)
schwach słaby
schwanger ciężarna
Schwanz ogon (m)
schweigen [po]milczeć
Schwein świnia (w)
schwer ciężki
schwierig trudny
Schwimmbad pływalnia (w)
schwimmen pływać; płynąć
schwitzen [s]pocić się
See jezioro (s)
Segel żagiel (m)
sehen widzieć
sehr bardzo
Seide jedwab (w)
Seife mydło (s)
Seil lina (w)
Seite (Buch) strona (w);
  (Flanke) bok (m)
selbst sam
selten rzadki; rzadko (Adv.)
Senf musztarda (w)
Serviette serwetka (w)
Sessel fotel (m)
setzen, sich siadać [usiąść]
sicher (gewiss) pewny;
  (n. gefährl.) bezpieczny
Silber srebro (s)
singen [za]śpiewać
sitzen siedzieć
Ski narta (w)
so tak
Socke skarpeta (w)
Sofa kanapa (w)
sofort zaraz, natychmiast
sogar nawet
solcher taki

Sonne słońce (s)
Soße sos (m)
spät późny
spazieren spacerować
Speisekarte jadłospis (m)
Spiegel lustro (s)
Spiel gra (w), zabawa (w)
spielen [za]grać
Spielzeug zabawka (w)
Sport sport (m)
Sprache język (m)
sprechen mówić
  [powiedzieć]
Staat państwo (s)
Stadt miasto (s)
Stall obora (w);
  (Pferde-) stajnia (w)
stark mocny, silny
stattfinden mieć miejsce
Staub kurz (m)
stechen [u]kłuć
Stecker wtyczka (w)
stehen stać
stehlen [u]kraść
Stein kamień (m)
Stelle miejsce (s)
stellen stawiać [postawić]
sterben umierać [umrzeć]
Stern gwiazda (w)
Stimme głos (m)
Stoff tkanina (w)
stören przeszkadzać
  [przeszkodzić]
Strafe kara (w)
Strand plaża (w)
Straße ulica (w);
  (Land-) droga (w)
Straßenbahn tramwaj (m)
Streichholz zapałka (w)

streiten [po]sprzeczać się
Strohhalm słomka (w)
Strom (elektr.) prąd (m)
Strumpf pończocha (w)
Stück sztuka (w)
studieren studiować
Stuhl krzesło (s)
Stunde godzina (w)
Sturm burza (w)
suchen [po]szukać
Süden południe (s)
Suppe zupa (w)
süß słodki
Süßigkeiten słodycze (w Mz)

T

Tabak tytoń (m)
Tablett taca (w)
Tag dzień (m)
täglich codzienny
Tal dolina (w)
tanken [za]tankować
Tankstelle stacja
  benzynowa (w)
Tanz taniec (m)
tanzen [za]tańczyć
Tasche torba (w);
  (Kleidung) kieszeń (w)
Taschentuch chusteczka (w)
Tasse filiżanka (w)
Taube gołąb (m)
tauchen [po]nurkować
tauschen wymieniać
  [wymienić]
Taxi taksówka (w)
Tee herbata (w)
Teil część (w)
teilen [po]dzielić

teilnehmen brać [wziąć] udział
Teller talerz (m)
Teppich dywan (m)
teuer drogi
tief głęboki
Tier zwierzę (s)
Tisch stół (m)
Tod śmierć (w)
Topf garnek (m)
Tor brama (w)
tot martwy, zmarły
töten zabijać [zabić]
Tourist turysta (m)
tragen nosić [nieść]
Traum sen (m)
traurig smutny
treffen spotykać [spotkać]; **(Ziel)** trafiać [trafić]
Treppe schody (m Mz)
trinken [wy]pić
Trinkgeld napiwek (m)
trocken suchy
trocknen [wy]suszyć
Tropfen kropla (w)
Truthahn indyk (m)
tun [z]robić
Tür drzwi (w Mz)
Turm wieża (w)
Tüte torba (w)

U

üben [wy]ćwiczyć
überall wszędzie
überhaupt wcale
übernachten [prze]nocować
überqueren przechodzić [przejść]

übersetzen [prze]tłumaczyć
überzeugen przekonywać [przekonać]
üblich zwykły
übrig pozostały
Ufer brzeg (m)
Uhr (Armband-) zegarek (m); **(Zeit)** godzina (w)
Umleitung objazd (m)
umsteigen przesiadać [przesiąść] się
Umwelt środowisko (s)
unbekannt nieznany
und i, a
Unfall wypadek (m)
ungefähr około
Unglück nieszczęście (s)
ungünstig niekorzystny
Universität uniwersytet (m)
unmöglich niemożliwy
unten na dole
unterhalten, sich [po]rozmawiać; **(amüsieren)** [po]bawić się
Unterhose majtki (w Mz)
unterrichten [na]uczyć
unterschreiben podpisywać [podpisać]
Unterschrift podpis (m)
unterstützen popierać [poprzeć]
untersuchen [z]badać
Unterwäsche bielizna (w)

V

verabreden, sich umawiać [umówić] się

verabschieden, sich [po]żegnać się
verantwortlich odpowiedzialny
verbieten zabraniać [zabronić]
verbinden [po]łączyć
verboten zabroniony
Verbrechen zbrodnia (w)
verdienen zarabiać [zarobić]
vergessen zapominać [zapomnieć]
vergleichen porównywać [porównać]
verheiratet żonaty; zamężna
Verhütung antykoncepcja (w)
Verkauf sprzedaż (w)
verkaufen sprzedawać [sprzedać]
Verkäufer sprzedawca (m)
Verkehr ruch (m)
verlassen (Ort) opuszczać [opuścić]
verletzen [z]ranić
verletzt zraniony
verlieren (Dinge) [z]gubić; **(n. gewinnen)** przegrywać [przegrać]
verrückt zwariowany, szalony
verschieden różny
Versicherung ubezpieczenie (s)
verspäten, sich spóźniać [spóźnić] się
Verspätung opóźnienie (s)
versprechen obiecywać [obiecać]
verstehen [z]rozumieć
versuchen [s]próbować

vertrauen [za]ufać
verwandt pokrewny
verzeihen wybaczać [wybaczyć]
viel dużo
vielleicht może, być może
Vogel ptak (m)
Volk naród (m)
voll pełny
vorbereiten przygotowywać [przygotować]
Vorfahrt pierwszeństwo (s)
vorher przedtem
vorläufig tymczasowy
vorne z przodu
Vorschlag propozycja (w)
vorsichtig ostrożny
Vorteil zaleta (w)

W

wach rozbudzony
wachsen [u]rosnąć
Waffe broń (w)
Wagen samochód (m), **(Pferde-)** wóz (m)
wählen wybierać [wybrać]
wahr prawdziwy
Wahrheit prawda (w)
Wald las (m)
Wand ściana (w)
wandern [po]wędrować
Ware towar (m)
warm ciepły
warten [po]czekać
warum dlaczego
Waschbecken umywalka (w)
waschen [u]myć; **(Wäsche)** [wy]prać

Wasser woda (w)
Watte wata (w)
wechseln zmieniać [zmienić]
wecken [o]budzić
Wecker budzik (m)
weg (hinweg) precz
Weg droga (w), szlak (m)
weggehen odchodzić [odejść]
wehtun [za]boleć
weich miękki
weil ponieważ, bo
Wein wino (s)
weinen [za]płakać
Welle fala (w)
Welt świat (m)
wenn (als) kiedy, gdy; **(falls)** jeśli, gdy
werden zostawać [zostać]
Werkstatt warsztat (m)
Wespe osa (w)
Westen zachód (m)
Wetter pogoda (w)
wichtig ważny
wie jak
wieder znowu
wiederholen powtarzać [powtórzyć]
wiegen ważyć
Wiese łąka (w)
Wind wiatr (m)
Wirtschaft gospodarka (w)
wissen wiedzieć
Witz dowcip (m)
Woche tydzień (m)
wohnen mieszkać
Wohnung mieszkanie (s)
Wolke chmura (w)
Wolle wełna (w)
Wort słowo (s)

Wörterbuch słownik (m)
Wunde rana (w)
wünschen [za]życzyć
Wurst kiełbasa (w)
wütend wściekły

Z

Zahl liczba (w)
zahlen [za]płacić
zählen [po]liczyć
Zahn ząb (m)
Zeichen znak (m)
zeichnen [na]rysować
zeigen pokazywać [pokazać]
Zeit czas (m)
Zeitschrift czasopismo (s)
Zeitung gazeta (w)
Zelt namiot (m)
zerstören [z]niszczyć
Zeuge świadek (m)
Ziege koza (w)
ziehen ciągnąć
Ziel cel (m)
Zigarette papieros (m)
Zimmer pokój (m)
Zoll cło (s)
Zucker cukier (m)
zuerst najpierw
zufrieden zadowolony
Zug pociąg (m)
zuletzt na końcu
Zunge język (m)
zurückkommen wracać [wrócić]
zusammen razem
Zustand stan (m)
zweifeln [z]wątpić
zwingen zmuszać [zmusić]

Wörterliste Polnisch – Deutsch

A

a und
aby damit
adwokat (m) Anwalt
albo oder
ale aber
ambasada (w) Botschaft
apteka (w) Apotheke
autobus (m) Omnibus
autostrada (w) Autobahn
awaria (w) Panne

B

bać się sich fürchten
badać untersuchen
bagaż (m) Gepäck
banan (m) Banane
banknot (m) Geldschein
bardzo sehr
barwa (w) Farbe
basen (m) Schwimmbad
bawić się sich amüsieren
benzyna (w) Benzin
bezpieczny sicher
bezpłatny kostenlos
biały weiß
bić schlagen
biedny arm
biegać laufen
bielizna (w) Unterwäsche
bilet (m) Fahr-, Eintrittskarte
biuro (s) Büro
biżuteria (w) Schmuck
bliski nah
błąd (m) Fehler

błędny falsch
bogaty reich
bok (m) Seite, Flanke
boleć wehtun
Bóg (m) Gott
ból (m) Schmerz
brać nehmen;
  b. udział teilnehmen
brakować fehlen
brama (w) Tor
broda (w) Bart
broń (w) Waffe
brudny schmutzig
brzeg (m) Ufer, Küste
brzuch (m) Bauch
brzydki hässlich
budować bauen
budynek (m) Gebäude
budzić wecken;
  b. się aufwachen
budzik (m) Wecker
bułka (w) Brötchen
burza (w) Gewitter, Sturm
but (m) Schuh, Stiefel
butelka (w) Flasche

C / Ć

całować küssen
cały ganz
cebula (w) Zwiebel
cel (m) Ziel
cena (w) Preis
chcieć wollen
chętnie gern
chleb (m) Brot
chłodny kühl

chłopiec (m) Junge
chmura (w) Wolke
chociaż, choć obwohl
chodnik (m) Bürgersteig
chodzić gehen
chorągiew (w) Fahne
choroba (w) Krankheit
chory krank
chrząszcz (m) Käfer
chusteczka (w) Taschentuch
chwila (w) Augenblick
ciało (s) Körper
ciasto (s) Kuchen; Teig
ciągnąć ziehen
cichy leise
ciekawy neugierig, interessant
ciekły flüssig
cielę (s) Kalb
ciemny dunkel
cienki dünn
cień (m) Schatten
ciepły warm
cierpieć leiden
cierpliwość (w) Geduld
cieszyć się sich freuen
ciężar (m) Gewicht
ciężarna schwanger
ciężarówka (w) Lastwagen
ciężki schwer
cisza (w) Ruhe, Stille
cło (s) Zoll
co was
codzienny täglich
coś etwas
cudzoziemiec (m) Ausländer
cukier (m) Zucker
cukiernia (w) Konditorei**

czapka (w) Mütze
czarny schwarz
czas (m) Zeit
czasem manchmal
czasopismo (s) Zeitschrift
czekać warten
czekolada (w) Schokolade
czerwony rot
czesać się sich kämmen
często oft
część (w) Teil
człowiek (m) Mensch
czosnek (m) Knoblauch
czucie (s) Gefühl
czuć (się) (sich) fühlen
czy ob, (Fragepartikel)
czynsz (m) Miete
czysty sauber
czyścić putzen
czytać lesen
ćwiczyć üben

D

dach (m) Dach
dać geben
daleki, daleko fern, weit
darować schenken
dawać geben
decydować entscheiden
deser (m) Nachspeise
deska (w) Brett
deszcz (m) Regen
dlaczego warum
dlatego deshalb
długi lang
dłużny (jmdm.) schuldig
dobry, dobrze gut
dojrzały reif

dokładnie genau (Adv)
dole: na d. unten
dolina (w) Tal
dom (m) Haus
doniesienie (s) Anzeige
dopiero erst
dorosły (m) Erwachsener
dostać bekommen
dostarczyć liefern
dosyć, dość genug
dotknąć berühren
dowcip (m) Witz
dowód (m) Beweis, Ausweis
dół: w d. hinunter
drewno Holz
droga (w) Weg, Landstraße
drogi teuer
drób (m) Geflügel
drut (m) Draht
drzewo (s) Baum, Holz
drzwi (w Mz) Tür
dużo viel
duży groß
dworze: na d. draußen
dworzec (m) Bahnhof
dym (m) Rauch
dywan (m) Teppich
dzban(ek) (m) Kanne, Krug
działać funktionieren
dziecko (s) Kind
dzielić teilen
dzień (m) Tag
dziewczyn(k)a (w) Mädchen
dziękować danken
dzisiaj, dziś heute
dziura (w) Loch
dziwny merkwürdig
dzwon (m) Glocke
dzwonek (m) Klingel

E / F

emeryt (m) Rentner
fabryka (w) Fabrik
fala (w) Welle
fałszywy falsch
filiżanka (w) Tasse
fotel (m) Sessel
futro (s) Pelz

G

gardło (s) Kehle, Hals
garnek (m) Topf
gasić löschen
gaz (m) Gas
gazeta (w) Zeitung
gdy wenn
gdzie wo
gdzieś irgendwo
gęś (w) Gans
gleba (w) Erde (Erdboden)
głęboki tief
głodny hungrig
głos (m) Stimme
głośny laut
głowa (w) Kopf
głód (m) Hunger
głupi dumm
gniazdo (s) Nest
godzina (w) Stunde, Uhr(zeit)
golić się sich rasieren
gołąb (m) Taube
gorący heiß
gorączka (w) Fieber
gorzki bitter
gospoda (w) Gaststätte
gospodarka (w) Wirtschaft
gospodarstwo (s) Bauernhof

gość (m) Gast
gotować (się) kochen
gotowy fertig
gotówka (w) Bargeld
góra (w) Berg
górę: w g. hinauf
gra (w) Spiel
grać spielen
grad (m) Hagel
granica (w) Grenze
gruby dick
grupa (w) Gruppe
gruszka (w) Birne
gryźć beißen
grzebień (m) Kamm
grzyb (m) Pilz
gubić verlieren
guma (w) Gummi
guzik (m) Knopf
gwiazda (w) Stern
gwóźdź (m) Nagel

H

hałas (m) Lärm
handel (m) Handel
herbata (w) Tee

I

i und
igła (w) Nadel
ilość (w) Menge
im ... tym je ... desto
imię (s) (Vor-)Name
impreza (w) Party, Feier
inaczej anders (Adv.)
indyk (m) Truthahn, Pute
inny anderer

interesować się sich interessieren
interesujący interessant
iść gehen

J

jabłko (s) Apfel
jadłospis (m) Speisekarte
jagnię (s) Lamm
jagoda (w) Beere
jajko (s) Ei
jak wie
jakość (w) Qualität
jaskinia (w) Höhle
jasny hell
jechać fahren
jednak aber, jedoch
jedwab (m) Seide
jedyny einzig
jeszcze noch
jeść essen
jeśli falls
jezdnia (w) Fahrbahn
jezioro (s) See
jeździć fahren
język (m) Zunge; Sprache
jutro morgen
już schon;
  j. nie nicht mehr

K

kaczka (w) Ente
kamień (m) Stein
kanapa (w) Sofa
kapelusz (m) Hut
kara (w) Strafe
karmić füttern

kasa (w) Kasse
katedra (w) Kathedrale
kawa (w) Kaffee
kawiarnia (w) Café
każdy jeder
kąpać się baden
kelner (m) Kellner
kiedy als, wenn (zeitl.); wann
kieliszek (m) Glas (Alkohol)
kiełbasa (w) Wurst
kierowca (m) Fahrer
kierunek (m) Richtung
kieszeń (w) Tasche (Hose)
kilka einige, ein paar
kleić (się) kleben
klient (m) Kunde
klucz (m) Schlüssel
kłamać lügen
kłaść (się) (sich hin)legen
kłuć stechen
kobieta (w) Frau
koc (m) (Woll-)Decke
kochać lieben
kogut (m) Hahn
kolacja (w) Abendessen
kolano (s) Knie
kolega (m) Kollege
kolej (w) Eisenbahn
kolejka (w) Warteschlange
kołdra (w) Bettdecke
koło (s) Kreis; Rad
komar (m) Mücke
komórkowy: telefon k. (m) Mobiltelefon
komputer (m) Computer
koniec (m) Schluss, Ende
konieczny notwendig
konno zu Pferd (Adv.);
  jeździć k. reiten

koń (m) Pferd
końcu: na k. zuletzt
kończyć aufhören, enden
kostka (w) Würfel
kosztować kosten
koszula (w) Hemd
koszyk (m) Korb
kościół (m) Kirche
kość (w) Knochen
kot (m) Katze
koza (w) Ziege
kradzież (w) Diebstahl
kraj (m) Land
kran (m) Wasserhahn
kraść stehlen
krew (w) Blut
kroić schneiden
krok (m) Schritt
kropka (w) Punkt
kropla (w) Tropfen
krowa (w) Kuh
król (m) König
krótki kurz
krzesło (s) Stuhl
krzyczeć, krzyknąć schreien
krzywy krumm
krzyż (m) Kreuz
ksiądz (m) Pfarrer
książka (w) Buch
księżyc (m) Mond
kto wer
ktoś jemand
kucharz (m) Koch
kuchnia (w) Küche
kupić, kupować kaufen
kura (w) Huhn
kurtka (w) Jacke
kurz (m) Staub
kwaśny sauer

kwiat (m) Blume
kwit (m) Quittung

L

lampa Lampe
las (m) Wald
latać fliegen
lato (s) Sommer; Mz.: Jahre
lądować landen (Flugzeug)
lecieć fliegen
leczyć heilen, behandeln
lekarstwo (s) Arznei
lekarz (m) Arzt
lekki leicht
leniwy faul
lepszy besser
lewo: na l. links
leżeć liegen
liczba (w) Zahl
liczyć zählen, rechnen
lina (w) Seil
list (m) Brief
liść (m) Blatt (Pflanze)
litera (w) Buchstabe
lodówka (w) Kühlschrank
lody (m Mz) Speiseeis
lotnisko (s) Flughafen
lód (m) Eis
lub oder
lubić mögen, lieben
ludzie (m Mz) Leute
lustro (s) Spiegel

Ł

ładny hübsch
łagodny mild, sanft
łamać brechen

łapać fangen
łatwy einfach (zu tun)
łazienka (w) Badezimmer
łączyć verbinden
łąka (w) Wiese
łódź (w) Boot
łóżko (s) Bett
łyżka (w) Löffel

M

majtki (w Mz) Unterhose
makaron (m) Nudeln
malować malen
mało wenig
mały klein
małżeństwo (s) Ehe
mapa (w) Landkarte
martwy tot
masło (s) Butter
maszyna (w) Maschine
maść (w) Salbe
mądry klug
mąka (w) Mehl
mąż (m) Ehemann
meble (m Mz) Möbel
meldować anmelden
mężczyzna (m) Mann
mgła (w) Nebel
miasto (s) Stadt
mieć haben; sollen;
   m. miejsce stattfinden;
   m. rację Recht haben
miejsce (s) Ort, Stelle
mierzyć messen
miesiąc (m) Monat
mieszać mischen
mieszkać wohnen
mieszkanie (s) Wohnung

międzynarodowy
 international
miękki weich
mięso (s) Fleisch
milczeć schweigen
miłość (w) Liebe
miły nett, freundlich
miotła (w) Besen
miód (m) Honig
mleć mahlen
mleko (s) Milch
młody jung
młodzież (w) Jugend
młotek (m) Hammer
młyn (m) Mühle
mocny stark
modlić się beten
modny modern (modisch)
mokry nass
moneta (w) Münze
morze (s) Meer
most (m) Brücke
motocykl (m) Motorrad
motyl (m) Schmetterling
może (być) vielleicht
możliwy möglich
mówić sagen, sprechen
mrówka (w) Ameise
mróz (m) Frost
mucha (w) Fliege
mur (m) Mauer
musieć müssen
musztarda (w) Senf
muzyka (w) Musik
myć waschen
mydło (s) Seife
mylić się sich irren
mysz (w) Maus
myśl (w) Gedanke

myśleć denken

N

naciskać drücken
nadzieja (w) Hoffnung
nagi nackt
nagle plötzlich (Adv.)
nagły dringend
najpierw zuerst
należeć (do) gehören (zu)
namiot (m) Zelt
napełnić füllen
napisać (auf)schreiben
napiwek (m) Trinkgeld
napój (m) Getränk
naprawa (w) Reparatur
naprawić reparieren
nareszcie endlich (Adv.)
naród (m) Volk, Nation
narta (w) Ski
narzędzie (s) Werkzeug
następny nächster
natychmiast sofort
nauczyciel (m) Lehrer
nawet sogar
nazwisko (s) Nachname
nazywać się heißen
nic nichts
nić (w) Faden
niebezpieczny gefährlich
niebieski blau
niebo (s) Himmel
niekorzystny ungünstig
niektóre einige
niemowlę (s) Baby
nienawidzić hassen
nieporozumienie (s)
 Missverständnis

nieprzyjaciel (m) Feind
niestety leider
nieszczęście (s) Unglück
nieść tragen
nigdy nie
nigdzie nirgends
nikt niemand
niski niedrig
niszczyć zerstören
niż als (Vergl.)
noc (w) Nacht
nocować übernachten
noga (w) Bein
nos (m) Nase
nosić tragen
nowoczesny modern
nowy neu
nożyce (m Mz) Schere
nóż (m) Messer
nudny langweilig
nurkować tauchen

O

oba beide
obcy fremd
obejrzeć ansehen
obiad (m) Mittagessen
obiecać versprechen
objazd (m) Umleitung
obora (w) Stall
obowiązek (m) Pflicht
obraz (m) Bild
obrócić drehen
obserwować beobachten
obszar (m) Gebiet
obuwie (s) Schuhe
obyczaj (m) Brauch, Sitte
obywatel (m) Bürger

obywatelstwo (s) Staatsangehörigkeit
ocet (m) Essig
ochota (w) Lust
oczywiście natürlich (Adv.)
oddech (m) Atem
odejść weggehen
odgłos (m) Geräusch
odjazd (m) Abfahrt
odjechać abfahren
odległość (w) Entfernung
odpady (m Mz) Abfall
odpocząć rasten
odpowiadać antworten
odpowiedzialny verantwortlich
odpowiedź (w) Antwort
odstęp (m) Abstand
odwiedzić besuchen
odzież (w) Kleidung
oferować anbieten
ofiara (w) Opfer
ogień (m) Feuer
oglądać ansehen
ogon (m) Schwanz
ogólny allgemein
ogórek (m) Gurke
ogród (m) Garten
okno (s) Fenster
oko (s) Auge
okolica (w) Gegend
około etwa, ungefähr
okrągły rund
okropny furchtbar
okulary (w Mz) Brille
okulista (m) Augenarzt
olej (m) Öl
oliwka (w) Olive
ołówek (m) Bleistift

opieka (w) Pflege
opisać beschreiben
opłata (w) Gebühr
opowiedzieć erzählen
opowieść (w) Geschichte
opóźnienie (s) Verspätung
opuścić verlassen (Ort)
orzech (m) Nuss
osa (w) Wespe
osoba (w) Person
osobliwy merkwürdig
osobny einzeln
ostatni letzter
ostrożny vorsichtig
ostry scharf
otwarty geöffnet
otwierać, otworzyć öffnen
owca (w) Schaf
owoc (m) Frucht; Mz.: Obst

P

pachnieć riechen
paczka (w) Paket
padać fallen
pakować packen
palec (m) Finger
palić (się) brennen; rauchen
pałac (m) Palast
pamiątka (w) Andenken
pamięć (w) Erinnerung;
na p. auswendig
państwo (s) Staat
papier (m) Papier
papieros (m) Zigarette
para (w) Paar; Dampf
paragon (m) Kassenbon
parasol (m) Schirm
parking (m) Parkplatz

parkować parken
pasażer (m) Passagier
pasek (m) Gürtel, Riemen
pasować passen
paszport (m) Reisepass
paznokieć (m) Fingernagel
pchać, pchnąć schieben
pełny voll
peron (m) Bahnsteig
pewny sicher, bestimmt
piana (w) Schaum
piasek (m) Sand
pić trinken
piec backen, braten
piec (m) Ofen
pieczywo (s) Gebäck
piekarnia (w) Bäckerei
pieniądze (m Mz) Geld
pieprz (m) Pfeffer
pierścionek (m) Ring
pierwszeństwo (s) Vorfahrt
pies (m) Hund
pieszo zu Fuß
pieszy (m) Fußgänger
piękny schön
piętro (s) Etage
pijany betrunken
pilny dringend
piłka (w) Ball;
p. nożna (w) Fußball
piorun (m) Blitz(schlag)
piosenka (w) Lied
pióro (s) Feder
pisać schreiben
piwnica (w) Keller
piwo (s) Bier
plac (m) Platz
plaża (w) Strand
plecak (m) Rucksack

plecy (m Mz) Rücken
płacić (be)zahlen
płakać weinen
płaszcz (m) Mantel
płynąć schwimmen
płynny flüssig
pływać schwimmen
pływalnia (w) Schwimmbad
pocałunek (m) Kuss
pociąg (m) Zug
pocić się schwitzen
początek (m) Beginn
poczta (w) Post
pocztówka (w) Postkarte
podkoszulek (m) Unterhemd
podnieść aufheben
podobać się gefallen
podobny ähnlich
podpis (m) Unterschrift
podpisać unterschreiben
podróż (w) Reise
podróżować reisen
pogoda (w) Wetter
pojazd (m) Fahrzeug
pojechać fahren
pokazać zeigen
pokój (m) Zimmer; Friede
pokrewny verwandt
pole (s) Feld
polecić empfehlen
policja (w) Polizei
policjant (m) Polizist
polować jagen
połowa (w) Hälfte
położyć legen
południe (s) Mittag, Süden
pomagać helfen
pomarańcza (w) Apfelsine
pomidor (m) Tomate

pomnik (m) Denkmal
pomoc (w) Hilfe
pomóc helfen
pomyłka (w) Irrtum
ponieważ weil
pończocha (w) Strumpf
popielniczka (w) Aschenbecher
poprawy richtig
poprzeć unterstützen
poprzek: w p. quer
pora: p. roku (w) Jahreszeit
porównać vergleichen
port (m) Hafen
portmonetka (w) Geldbörse
porządek (m) Ordnung
posiadać besitzen
postawić stellen
pościel (w) Bettzeug
poślubić heiraten
potem danach, dann
potrawa (w) Gericht (Speise)
potrzebować brauchen
potwierdzić bestätigen
powiedzieć sagen, sprechen
powieść (w) Roman
powietrze (s) Luft
powolny langsam
powstać aufstehen
powtórzyć wiederholen
pozdrowić grüßen
pozdrowienie (s) Gruß
poznać kennen lernen
pozostały übrig
pozwolić erlauben
pożar (m) Brand
pożegnanie Abschied
pożyczać leihen
pożyteczny nützlich

pójść gehen
pół halb
północ (w) Mitternacht, Norden
późny spät
praca (w) Arbeit
pracować arbeiten
pracowity fleißig
pracownik (m) Angestellter
prać waschen (Wäsche)
pragnienie (s) Durst
prawda (w) Wahrheit
prawdziwy wahr, echt
prawidłowo richtig (Adv.)
prawie fast, beinahe
prawo (s) Recht;
    p. jazdy (s) Führerschein;
    na p. rechts
prąd (m) Strom (elektr.)
precz (hin)weg
prezent (m) Geschenk
prędkość (w) Geschwindigkeit
produkować herstellen
propozycja (w) Vorschlag
prosić bitten
prosto geradeaus
prosty gerade; einfach
prośba (w) Bitte
prowadzić führen
próbować versuchen, probieren
prysznic (m) Dusche
prywatny privat
przeciwieństwo (s) Gegenteil
przeczytać (durch)lesen
przedmiot (m) Gegenstand
przedszkole (s) Kindergarten
przedtem vorher
przegrać verlieren

przejść überqueren
przekąska (w) Vorspeise
przekonać überzeugen
przeliterować buchstabieren
przełęcz (w) Pass (Gebirge)
przemysł (m) Industrie
przeprosić sich entschuldigen
przerwa (w) Pause
przesiąść się umsteigen
przestraszyć się erschrecken
przeszkadzać stören
przeważnie meistens
przeziębienie (s) Erkältung
przychodzić kommen
przyczyna (w) Grund, Ursache
przygotować vorbereiten
przyjaciel (m) Freund
przyjaciółka (w) Freundin
przyjąć annehmen
przyjechać ankommen
przyjemny angenehm
przyjmować annehmen
przyjść kommen
przykład (m) Beispiel
przymierzyć anprobieren
przynajmniej mindestens
przynieść, przynosić bringen
przypominać sobie sich
  erinnern
przyroda (w) Natur
przystanek (m) Haltestelle
przyzwyczajać się sich
  gewöhnen
pszczoła (w) Biene
ptak (m) Vogel
pukać klopfen
punktualny pünktlich
pusty leer
puszka (w) Dose

puścić loslassen
pyszny lecker
pytać fragen
pytanie (s) Frage

R

rachunek (m) Rechnung
radosny glücklich
radość Freude
radzić raten (Ratschlag)
ramię (s) Schulter,
  (Ober-)Arm
rana (w) Wunde
ranić verletzen
rano morgens
ratować retten
ratusz (m) Rathaus
raz Mal (einmal usw.)
razem zusammen
restauracja (w) Restaurant
reszta (w) Rest
ręcznik (m) Handtuch
ręka (w) Hand, Arm
robić tun, machen
robotnik (m) Arbeiter
rodzice (m Mz) Eltern
rodzić się geboren werden
rodzina (w) Familie
rok (m) Jahr
rolnictwo (s) Landwirtschaft
rolnik (m) Bauer
rosnąć wachsen
roślina (w) Pflanze
rower (m) Fahrrad
rozbudzony wach
rozebrać się sich ausziehen
rozmawiać reden,
  sich unterhalten

rozmiar (m) Größe (Kleid.)
rozmowa (w) Gespräch
rozumieć verstehen
rozwiedziony geschieden
róg (m) Ecke
równina (w) Ebene
równy gleich
róża (w) Rose
różny verschieden
ruch (m) Verkehr
ruszyć bewegen
ryba (w) Fisch
rysować zeichen
ryż (m) Reis
rzadki selten
rząd (m) Regierung
rzecz (w) Sache, Ding
rzeczywiście wirklich (Adv.)
rzeka (w) Fluss
rzemiosło (s) Handwerk

S

sałatka (w) Salat (Zubereit.)
sam selbst; allein
samo: to s. dasselbe
samochód (m) Auto, Wagen
samolot (m) Flugzeug
sąd (m) Gericht
sądzić meinen
sąsiad (m) Nachbar
schody (m Mz) Treppe
schronisko (s) (Berg-)Hütte
sen (m) Schlaf, Traum
ser (m) Käse
serce (s) Herz
serwetka (w) Serviette
siadać sich setzen
sieć (w) Netz

siedzieć sitzen
silnik (m) Motor
silny stark
siła (w) Kraft
skarga (w) Beschwerde
skarpeta (w) Socke
skarżyć się sich beschweren
skąd woher
skąpy geizig
sklep (m) Geschäft, Laden
skończyć aufhören
skóra (w) Haut; Leder
skręcić abbiegen
skrzynka (w) Kiste
skrzyżowanie (s) Kreuzung
słaby schwach
sławny berühmt
słodki süß
słodycze (w Mz) Süßigkeiten
słomka (w) Strohhalm
słońce (s) Sonne
słownik (m) Wörterbuch
słowo (s) Wort
słuchać zuhören; gehorchen
służba (w) Dienst
słynny berühmt
słyszeć hören
smaczny lecker
smak (m) Geschmack
smakować schmecken
smutny traurig
sok (m) Saft
sos (m) Soße
sól (w) Salz
spacerować spazierengehen
spać schlafen
spalić verbrennen
spaść fallen
spodnie (w Mz) Hose

spokojny ruhig
spokój (m) Ruhe
sposobność (w) Gelegenheit
sposób (m) Art und Weise
spotkać (się) (sich) treffen
spożywczy Lebensmittel-
spódnica (w) Rock
spóźnić się sich verspäten
spragniony durstig
sprawa (w) Angelegenheit
sprawiedliwy gerecht
sprzeczać się streiten
sprzedać verkaufen
sprzedawca (m) Verkäufer
sprzedaż (w) Verkauf
sprzęt (m) Gerät
srebro (s) Silber
stacja benzynowa (w)
   Tankstelle
stać stehen;
   s. się geschehen
stajnia (w) Pferdestall
stan (m) Zustand
stary alt
statek (m) Schiff
stawiać stellen
stąd von hier
stolica (w) Hauptstadt
stopa (w) Fuß
stopień (m) Grad, Stufe
stół (m) Tisch
strach (m) Angst
straszny furchtbar
straż pożarna (w) Feuerwehr
strona (w) Seite
strumień (m) Bach
strzelić schießen
studiować studieren
stworzyć (er)schaffen

suchy trocken
sufit (m) (Zimmer-)Decke
sukienka (w) Kleid
surowy roh
suszyć trocknen
sweter (m) Pullover
swędzić jucken
syty satt
szafa (w) Schrank
szalony verrückt
szampan (m) Sekt
szczególnie besonders
szczepić impfen
szczęście Glück
szczęśliwy glücklich
szczotka (w) Bürste
szczupły dünn, schlank
szczyt (m) Gipfel
szef (m) Chef
szeptać, szepnąć flüstern
szeroki breit
szklanka (w) (Trink-)Glas
szkło (s) Glas (Material)
szkoda (w) Schaden
szkodzić schaden
szkoła (w) Schule
szlak (m) Weg, Strecke
szpital (m) Krankenhaus
sztuka (w) Stück; Kunst
szukać suchen
szybki schnell
szyć nähen
szyja (w) Hals

Ś

ściana (w) Wand
ślepy blind
śmiać się lachen

śmierć (w) Tod
śniadanie (s) Frühstück
śnieg (m) Schnee
śpieszyć (się) (sich be)eilen
śpiewać singen
środek (m) Mitte
środku: w ś. innen
środowisko (s) Umwelt
śruba (w) Schraube
świadek (m) Zeuge
świat (m) Welt
światło (s) Licht; Mz.: Ampel
świeca (w) Kerze
świecić leuchten, scheinen
świeży frisch
święto (s) Feier(tag)
świętować feiern
święty heilig
świnia (w) Schwein

T

tabletka (w) Tablette
taca (w) Tablett
tajny geheim
tak so; ja
taki solcher, so ein
taksówka (w) Taxi
także auch
talerz (m) Teller
tam da(hin), dort(hin)
tani billig
taniec (m) Tanz
tankować tanken
tańczyć tanzen
targ (m) Markt
targować się feilschen
telewizor (m) Fernseher
teraz jetzt
też auch

tkanina (w) Stoff (Textil)
tłumacz (m) Dolmetscher
tłumaczyć übersetzen
tłusty fett
toaleta (w) Toilette
torba (w) Tasche, Tüte
towar (m) Ware
towarzystwo (s) Gesellschaft
towarzyszyć begleiten
trafić treffen (Ziel)
tramwaj (m) Straßenbahn
trawa (w) Gras
trochę ein bisschen
trolejbus (m)
  Oberleitungsbus
trucizna (w) Gift
trudny schwierig
trudzić się sich bemühen
trwać dauern
trzymać halten
tu hier(her)
turysta (m) Tourist
tutaj hier
twardy hart
twarz (w) Gesicht
tydzień (m) Woche
tylko nur
tyłem rückwärts
tyłu: z t. hinten
tymczasowy vorläufig
tytoń (m) Tabak

U

ubezpieczenie (s)
  Versicherung
ubrać się sich anziehen
ubranie (s) Kleidung
ucho (s) Ohr

uczciwy ehrlich
uczeń (m) Schüler
uczyć unterrichten;
  u. się lernen
udać się gelingen
ufać vertrauen
ulica (w) Straße
umarły gestorben
umieć können
umierać sterben
umówić się sich verabreden
umrzeć sterben
umyć waschen
umywalka (w) Waschbecken
uniwersytet (m) Universität
uprzejmy freundlich
urodziny (w Mz) Geburtstag
urząd (m) Amt
urzędnik (m) Beamter
usiąść (sich) setzen
usta (s Mz) Mund
ustawa (w) Gesetz
uwaga (w) Achtung
uważać achten (auf)
uznać anerkennen
używać benutzen, verwenden

W

waga (w) Gewicht, Waage
wakacje (w Mz) Ferien
walczyć kämpfen
walizka (w) Koffer
warga (w) Lippe
warsztat (m) Werkstatt
warunek (m) Bedingung
warzywo (s) Gemüse
wata (w) Watte
ważny wichtig, gültig

ważyć wiegen
wąski eng
wątpić zweifeln
wąż (m) Schlange
wcale überhaupt
wczesny früh
wczoraj gestern
wejście (s) Eingang
wejść hineingehen
wełna (w) Wolle
wesele (s) Hochzeit
wesoły fröhlich, lustig
wewnątrz drinnen
wędka (w) Angel
wędrować wandern
węgiel (m) Kohle
wiadomość (w) Nachricht
wiadro (s) Eimer;
   w. na śmieci Mülleimer
wiara (w) Glaube
wiatr (m) Wind
widelec (m) Gabel
widzieć sehen
wieczorem abends
wieczór (m) Abend
wiedzieć wissen
wiek (m) Alter; Jahrhundert
wielki groß (bedeutend)
wierzyć glauben
wiesieć hängen
wieszać aufhängen
wieś (w) Dorf
wieża (w) Turm
więcej mehr
więzienie (s) Gefängnis
wina (w) Schuld
wino (s) Wein
witać begrüßen
wjazd (m) Einfahrt

wkładka (w) Einlage (Slip)
wkrótce bald
wlać eingießen
własność (w) Eigentum
właściciel (m) Besitzer
właściwy richtig, geeignet
właśnie gerade, eben
włącznik (m) Schalter
włączyć einschalten
włosy (m Mz) Haare
woda (w) Wasser
wojna (w) Krieg
wolność Freiheit
wolny frei, ledig; langsam
wołać rufen
wówczas damals
wóz (m) Pferdewagen
wracać zurückkommen
wrażenie (s) Eindruck
wrócić zurückkommen
wrzący kochend
wschód (m) Osten
wsiąść einsteigen
wspaniały ausgezeichnet
wspinać się klettern
wstąpić eintreten
wstydzić się sich schämen
wszędzie überall
wszyscy alle
wszystko alles;
   w. jedno egal
wściekły wütend
wtedy dann
wtyczka (w) Stecker
wybaczyć verzeihen
wybrać wählen
wybrzeże (s) Küste(ngebiet)
wydać ausgeben (Geld)
wydarzyć się geschehen

wygrać gewinnen
wyjaśnić erklären
wyjazd (m) Ausfahrt
wyjście (s) Ausgang
wyjść hinausgehen
wykształcony gebildet
wyłączyć ausschalten
wymienić tauschen
wymowa (w) Aussprache
wynagrodzenie (s) Lohn
wynająć (ver)mieten
wynik (m) Ergebnis
wypadek (m) Unfall
wypełnić ausfüllen
wypić (aus)trinken
wypocząć sich erholen
wyprzedany ausverkauft
wysiąść aussteigen
wysłać schicken
wysoki hoch
wyspa (w) Insel
wystarczyć genügen
wysyłać schicken
wywołać entwickeln (Film)
wziąć nehmen

Z

za zu (sehr)
zabawa (w) Spiel; Party
zabawka (w) Spielzeug
zabić töten
zabronić verbieten
zachód (m) Westen
zacząć, zaczynać anfangen, beginnen
zadanie (s) Aufgabe
zadowolony zufrieden
zagranica (w) Ausland

zajęty besetzt
zajmować się sich beschäftigen (mit etw.)
zakład (m) Betrieb
zakończyć beenden
zakręt (m) Kurve
zakupy (m Mz) Einkauf
zaleta (w) Vorteil
zależeć abhängen (von)
załatwić erledigen
zamek (m) Schloss, Burg
zamężna verheiratet (Frau)
zamiar (m) Absicht
zamknąć schließen
zamknięty geschlossen
zamówić bestellen
zamykać schließen
zanim bevor
zapach (m) Geruch
zapalić anzünden
zapałka (w) Streichholz
zapamiętać sich merken
zapłacić (be)zahlen
zapomnieć vergessen
zaprosić einladen
zaproszenie (s) Einladung
zarabiać verdienen
zaraz sofort, gleich
zasnąć einschlafen
zastrzyk (m) Spritze
zasypiać einschlafen
zatrzymać (się) anhalten, behalten
zauważyć bemerken
zawartość (w) Inhalt
zawiadomić benachrichtigen
zawód (m) Beruf
zawsze immer
ząb (m) Zahn

zbierać sammeln
zboże (s) Getreide
zbrodnia (w) Verbrechen
zdanie (s) Satz
zdawać się scheinen
zdjęcie (s) Fotografie
zdrowie (s) Gesundheit
zdrowy gesund
zebrać sammeln
zegarek (m) (Armband-)Uhr
zepsuty kaputt
zestaw (m) Kombination, Satz
zeszyt (m) Heft
zewnątrz außen
zgadzać się einverstanden sein
zgniły verfault
zgubić verlieren
zielony grün
ziemia Erde
ziemniak (m) Kartoffel
zima (w) Winter
zimny kalt
zjeść (auf)essen
złodziej (m) Dieb
złościć się sich ärgern
złoto (s) Gold
zły schlecht, böse
zmęczony müde
zmienić (się) wechseln, (sich) ändern
zmuszać zwingen
znaczek (m) Briefmarke
znaczyć bedeuten
znać kennen
znajdować (się) finden; sich befinden
znak (m) Zeichen
znaleść finden

znany bekannt
zniżka (w) Ermäßigung
znowu wieder
zostać bleiben; werden
zostawić lassen
zraniony verletzt
zrobić machen
zupa (w) Suppe
zwariowany verrückt
związek (m) Beziehung, Bund
zwiedzić besichtigen
zwierzę (s) Tier
zwykły üblich

Ź / Ż

źle schlecht (Adv.)
źródło (s) Quelle
żaden keiner
żagiel (m) Segel
żarówka (w) Glühbirne
żart (m) Scherz
że dass
żebrać betteln
żeby dass
żegnać verabschieden
żelazo (s) Eisen
żenić się heiraten (Mann)
żona (w) Ehefrau
żonaty verheiratet (Mann)
żółty gelb
żuć kauen
życie (s) Leben
życzenie (s) Wunsch
życzyć wünschen
żyć leben

Der Autor

Bob Ordish, geboren 1954 in London, lebte insgesamt acht Jahre in Deutschland. Von 1990 an wohnte er in den Niederlanden. Er studierte Germanistik und Französisch in England. Über Polnisch, das er aus Interesse gelernt hatte, sagte er: „Von der polnischen Sprache bin ich so begeistert, weil sie so schön und klangvoll ist, weil die Menschen in Polen so spontan und gastfreundlich sind, und weil das Land mit seiner schwierigen Geschichte so faszinierend ist. Kurzum, weil ich sehr viel Wertvolles für mich persönlich mit dieser Sprache verbinde." – Bob Ordish verstarb 2001.

Anka Byjoś wurde 1958 in Biała Podlaska geboren und studierte Gartenbau in Lublin. „Seit 1984 wohne ich in der Bundesrepublik. Die Mitarbeit an diesem Buch hat mir zum ersten Mal bewusst gemacht, wie kompliziert meine eigene Muttersprache ist."